企业应用西班牙语
(管理篇)

ESPAÑOL PRÁCTICO EMPRESARIAL
(PARTE ADMINISTRATIVA)

周亚榕 编著

图书在版编目(CIP)数据

企业应用西班牙语.管理篇 / 周亚榕编著.—北京：北京大学出版社，2012.11
（21 世纪西班牙语系列教材）
ISBN 978-7-301-21458-9

Ⅰ.①企⋯ Ⅱ.①周⋯ Ⅲ.①企业管理–西班牙语–教材 Ⅳ.①H34

中国国家版本馆 CIP 数据核字（2012）第 252517 号

书　　名	企业应用西班牙语（管理篇）
著作责任者	周亚榕　编著
责 任 编 辑	初艳红
标 准 书 号	ISBN 978-7-301-21458-9
出 版 发 行	北京大学出版社
地　　址	北京市海淀区成府路 205 号　100871
网　　址	http://www.pup.cn　新浪微博：@北京大学出版社
电 子 邮 箱	编辑部 pupwaiwen@pup.cn　总编室 zpup@pup.cn
电　　话	邮购部 010-62752015　发行部 010-62750672　编辑部 010-62759634
印 刷 者	北京虎彩文化传播有限公司
经 销 者	新华书店
	787 毫米 ×980 毫米　16 开本　14.75 印张　284 千字
	2012 年 11 月第 1 版　2024 年 1 月第 3 次印刷
定　　价	49.00 元

未经许可，不得以任何方式复制或抄袭本书之部分或全部内容。
版权所有，侵权必究
举报电话：010-62752024　电子邮箱：fd@pup.cn
图书如有印装质量问题，请与出版部联系，电话：010-62756370

致　谢

感谢曾经就职的所有中外企业，感谢他们给我提供了编著本书的实践机会。

感谢吉林华桥外院——朝阳的民办院校，给我提供了把这些个人业务资源应用于教学的平台。

本书编著历时数年，期间曾得到很多中外朋友在语言、专业、出版等多方面的帮助；还有那些曾经给了我知识、给了我力量、给了我信心的我的老师们，均借此书问世之际表示深深的谢意，见谅篇幅有限，恕不能一一列举。

前　言

　　作者积多年西班牙语涉外企业工作的实践经验,形成《企业应用西班牙语》,相关资料,涉及很多方面内容,本册为《管理篇》,其他篇章待续。

　　《管理篇》,顾名思义,介绍的是关于企业管理的文选,其中包括:企业行文格式、人事管理、走访事宜、庆典事宜、丧事处理、招待宴请、用西语打电话、计算机用语等内容。

　　本书以应用为宗旨,为同时用西、汉两种语言的企业工作者,提供了企业管理工作的各类文件范本,以供在实际工作中进行参考查阅;也为定向为应用型西语人才的在校生提供了教科书;有一定西语基础的人士,还可以用之进行自学。

　　手持《企业应用西班牙语(管理篇)》迈入西班牙语企业,你能做到坚定自信,轻松上阵。

　　书的内容,从语言上来说,简单易懂;为方便不同水平的读者,大多附有参考译文;译文着重原文原意的理解,并未对文字进行雕琢;异于国情的实际情况,尽量配有解释;不同题材的篇章,附有西汉对照的相关用语,用语采用的是分类与字母顺序相结合的排序。为了便于读者工作实践的查找,详细地编写了目录。

　　本书如作教材,看似缺乏课后练习,但由于资料充分,同一专题的内容,可以部分用于教师讲解,另一部分用作学生自学,或作为课后练习,练习也可将一个文件用作西译汉,另一个用作汉译西。

　　书中部分文件虽冠以 COMINPE S.A. 公司之名,但公司名称,乃至文中所涉及的人物、时间、地点、数字均属虚构,敬请读者免去各种不必要的误会。

　　函件中的实例多来自南美工作实践,故有些语言习惯和西班牙略有不同,比如日期的月份,在西班牙必须小写,而南美经常会大写。鉴于很多使用西班牙语的人在南美工作,了解这个地区的语言习惯,对工作也是很有益处的。

　　本书就个人的企业工作经历而言,已经尽力而为了;但就企业专业知识和企业翻译工作的需要来说,实属微不足道,还有更广更深的内容未能涉足。加之水平所限,书中定有不尽人意之处,恳请各位专家、同行及读者不吝赐教,不胜感激。

周亚榕

初稿于利马

终稿于吉林华桥外院

Prólogo

Este libro, *ESPAÑOL PRÁCTICO EMPRESARIAL*, cuyo objetivo es servir de uso práctico, está basado en experiencias reales en diversas empresas de ultramar durante muchos años.

El *ESPAÑOL PRÁCTICO EMPRESARIAL* engloba muchos aspectos, entre otros, el de administración, el cual se trata en este volumen, quedando los otros para después.

Como su propio nombre indica,《PARTE ADMINISTRATIVA》, da a conocer los escritos relacionados con el trabajo administrativo de una empresa, y cuyos contenidos abarcan diversos temas, los cuales se tratan en ocho capítulos: *Fórmulas de documentación, Administración personal, Documentos respecto a una visita. Celebraciones y fiestas, Condolencias en el ámbito empresarial, La comida de negocios, Cómo hacer llamadas telefónicas en español en un entorno empresarial y Glosario de términos informáticos y ofimáticos.*

Dando modelos y ejemplos de toda índole, este libro tiene la intención de ser una obra de consulta para los que trabajan en empresas bilingües (chino y español);también para los que todavía están estudiando en las facultades de español, así como para los estudiantes autodidactas que ya tienen un nivel básico de español.

Con este libro en mano, los profesionales que trabajen en empresas hispanohablantes podrán llevar a cabo su cometido con confianza y seguridad.

El libro no es difícil de entender gramatical ni literariamente, ya que está acompañado de explicaciones en torno a casos reales, contextualizados en diversos ambientes hispanohablantes. La mayoría de los documentos tiene traducción que sirve de referencia a satisfacción de los lectores con distintos niveles del idioma español. Cada capítulo tiene al final un glosario de palabras con usos específicos de los términos, así como un glosario en orden alfabético y por especialidad; también tiene el libro un índice detallado, con motivo de facilitar a los lectores en la búsqueda en el momento en que lo necesite en la práctica.

En apariencia, falta el apartado de ejercicios, aun siendo material de enseñanza; sin embargo, contiene suficientes documentos sobre cada uno de los temas, de los cuales unos pueden ser usados para la explicación del profesor en la clase, mientras otros, pueden ser empleados para las tareas de los alumnos, que pueden traducirlos del idioma chino al español o viceversa.

Aunque algunos documentos se encuentran encabezados con el nombre de COMINPE S.A., su denominación, las personas, la fecha, la dirección, incluso los números referenciados en el texto son de pura invención, de modo que se pide el favor de evitar el posible malentendido.

Cabe mencionar que la mayoría de los documentos seleccionados para este libro, proceden de la práctica profesional en Sudamérica; en consecuencia, los rasgos lingüísticos y culturales del español que aparece en este volumen, por poco que sea, son algo diferentes a los de España. Por ejemplo, para expresar el mes dentro de una fecha, la primera letra se escribe a menudo en mayúscula, mientras en España se exige en minúscula. Conocer tales matices también es favorable para el trabajo al que se dedican los que estudian español.

Me he esforzado lo máximo posible en plasmar toda mi experiencia en el libro para que sea rico en contenidos significativos; sin embargo, lamento que todavía falte mucho para cubrir las necesidades profesionales que permitan desarrollar una perfecta labor empresarial, dejando sin tratar todavía muchos conocimientos de manera amplia y en profundidad. Además, por las limitaciones de la experiencia personal, pueden existir algunos puntos que precisen de corrección, por lo que agradezco con anticipación las posibles rectificaciones por parte de todos los expertos en la materia, así como de colegas y lectores del presente trabajo.

Agradecimientos:

A todas las empresas donde he trabajado, por ofrecerme la práctica y las fuentes necesarias para la redacción de este libro.

Al Instituto de Lenguas Extranjeras JILIN HUAQIAO, un espléndido instituto privado, que me ha ofrecido una magnífica plataforma a la hora de utilizar los recursos profesionales y personales para la enseñanza.

De igual manera a todos los amigos chinos y extranjeros que me han brindado una inestimable ayuda en diferentes aspectos, entre otros, en el idioma, en la profesión y en la publicación durante el largo proceso de preparación del presente libro; por último, a todos mis profesores, quienes me han ilustrado con sus conocimientos, con la fuerza y con la fe. Mil disculpas por no poder mencionar a todos aquí por las limitaciones de espacio.

La autora,
Zhou Yarong

Versión preliminar en Lima
Redacción culminada en Jilin Huaqiao Foreign Languages Institute

目 录

I. 企业行文格式 FÓRMULA DE DOCUMENTACIÓN ········· 1
   1. 企业内部行文格式范例 MODELO DE CORRESPONDENCIA INTERNA ········· 2
   2. 企业内部行文实例 EJEMPLO DE CORRESPONDENCIA INTERNA ········· 3
   3. 信函格式范例 MODELO DE CARTA ········· 4
   4. 信函格式实例 EJEMPLO DE CARTA ········· 5
   5. 传真格式范例 MODELO DE FAX ········· 7
   6. 函件开头实例 EJEMPLOS DEL INICIO DE UN DOCUMENTO ········· 8
   7. 函件结尾实例 EJEMPLOS DE DESPEDIDA DE UN DOCUMENTO ········· 10
   8. 日期缩写 ABREVIATURA DE FECHA Y TIEMPO ········· 13
   9. 时间和日期的表述 EXPRESIONES DE FECHA Y TIEMPO ········· 14

II. 人事管理 ADMINISTRACIÓN PERSONAL ········· 20
   1. 人员招聘 CONTRATACIÓN DE PERSONAL ········· 20
     1.1 招聘申请 SOLICITUD CONTRATACIÓN DE PERSONA ········· 21
     1.2 招聘申请表实例 FORMATO DE PEDIDO PERSONAL ········· 23
     1.3 刊登招聘启事 PUBLICIDAD DE CONTRATACIÓN DE PERSONA ········· 26
     1.4 应聘函 CARTA DE PRESENTACIÓN PARA SER CONTRATADO ········· 28
     1.5 本土人员劳务合同实例 CONTRATO CON PERSONAL NACIONAL. ········· 29
     1.6 入职通知 INGRESO DE PERSONAL ········· 33
     1.7 索要工作证明 SOLICITAR CERTIFICADO DE TRABAJO ········· 34
     1.8 工作证明 CERTIFICADO DE TRABAJO ········· 35
     1.9 培训证明 CERTIFICADO DE ESTUDIO ········· 36
     1.10 现行资料存入个人档案 ACTUALIZAR EL CURRÍCULUM VITAE ········· 37
     1.11 向地方劳动局申请用人 SOLICITUD AL MINISTERIO DE TRABAJO ········· 38
     1.12 合同表格 FORMATO DE CONTRATO DE TRABAJO ········· 39
     1.13 外籍人员劳务合同实例 CONTRATO DE TRABAJO DE EXTRANJEROS ········· 41

1.14 外籍人员劳务延期合同 PRÓRROGA DE CONTRATO PARA EXTRANJEROS ·················· 45
1.15 人事变动登记表 FORMATO MOVIMIENTO DE PERSONAL ·················· 47
2. 离职 RETIRO DE LA EMPRESA ·················· 48
   2.1 公司辞退人员函件 CARTA DE DESPEDIDA POR LA EMPRESA ·················· 49
   2.2 请辞函 CARTA DE RENUNCIA ·················· 50
   2.3 批准辞职 RENUNCIA APROBADA ·················· 54
   2.4 人事部门通知 AVISO DEL ÁREA DE PERSONAL AL ÁREA DEL CAMPO ·················· 56
   2.5 辞职书的异议 OBSERVACIONES SOBRE LA RENUNCIA ·················· 57
3. 业绩评估 EVALUACIÓN DEL DESEMPEÑO ·················· 58
   3.1 总经理安排官员评估工作 DISPOSICIÓN DEL GERENTE GENERAL ·················· 59
   3.2 行政经理安排工人评估 CIRCULAR DEL GERENTE DE ADMINISTRACIÓN ·················· 60
   3.3 安排部门经理进行工作评估 DOCUMENTO A UN GERENTE DE ÁREA ·················· 62
   3.4 评估表制作 CUADRO DE EVALUACIÓN ·················· 63
4. 晋升 PROMOCIÓN DEL PERSONAL ·················· 65
   4.1 晋升申请 SOLICITUD DE PROMOCIÓN ·················· 66
   4.2 同意晋升 APROBACIÓN DE PROMOCIÓN DEL PERSONAL ·················· 67
5. 任命 NOMBRAMIENTO DE PERSONAL ·················· 68
   5.1 职务任命通知 DOCUMENTO DE NOMBRAMIENTO A UN TITULAR ·················· 69
   5.2 代理职务通知 AVISO DE UN ENCARGADO ·················· 72
   5.3 暂时代职通知 AVISO DE UN REEMPLAZO TEMPORAL ·················· 74
   5.4 职务互换通知 AVISO DE ROTACIÓN DE TRABAJO ·················· 76
6. 违纪处分 SANCIONES POR INCUMPLIMIENTO DE DISCIPLINA ·················· 78
   6.1 重申纪律 REITERACIÓN DE LA DISCIPLINA ·················· 78
   6.2 处分通知 AVISO DE SANCIONES ·················· 80
   6.3 处分申诉 CARTA DE CONTESTA A LAS SANCIONES ·················· 85
7. 休假 DESCANSO ·················· 87
   7.1 休年假通知 AVISO DE LA TOMA DE VACACIONES ·················· 87
   7.2 批准事假 PERMISO AUTORIZADO POR ASUNTOS PERSONALES ·················· 88
   7.3 拒批休假实例 PERMISO NO AUTORIZADO ·················· 91
8. 人事相关用语 TÉRMINOS USADOS EN ADMINISTRACIÓN DE PERSONAL ·················· 94

III. 走访事宜 DOCUMENTOS RESPECTO A UNA VISITA 105

1. 国内企业走访实例 EJEMPLO DE VISITA ENTRE EMPRESAS LOCALES 105
- 1.1 提出走访要求 SOLICITUD DE VISITA A LA EMPRESA DESTINATARIA ... 105
- 1.2 对方接受走访 CONTESTA DE ACEPTACIÓN DE LA SOLICITUD 107
- 1.3 通知走访时间 COMUNICACIÓN SOBRE LA FECHA DE VIAJE 108
- 1.4 访后感谢信 CARTA DE AGRADECIMIENTO DESPUÉS DE LA VISITA 109

2. 涉外访问实例 EJEMPLO DE VISITA AL EXTRANJERO 110
- 2.1 请发邀请函 SOLICITUD DE CARTA DE INVITACIÓN 111
- 2.2 邀请函 CARTA DE INVITACIÓN 112
- 2.3 通知走访日程 COMUNICACIÓN DE ITINERARIO AL DESTINATARIO 113
- 2.4 访后感谢信 CARTA DE AGRADECIMIENTO DESPUÉS DE LA VISITA 114
- 2.5 机票的行程表实例 ITINERARIO DE UN PASAJE AÉREO 115
- 2.6 入境卡和行李声明 TARJETA DE MIGRACIÓN Y DECLARACIÓN DE EQUIPAJES 117

3. 涉外访问另例 OTRO EJEMPLO DE VISITA AL EXTRANJERO 121
- 3.1 邀请函 CARTA DE INVITACIÓN 122
- 3.2 派遣函 CARTA DE PRESENTACIÓN A LA EMBAJADA 123

4. 谢绝邀请实例 MODELO PARA DECLINAR INVITACIONES 124
- 4.1 发邀方的邀请函 INVITACIÓN DE VISITA DE OTRA EMPRESA 125
- 4.2 谢绝邀请 COMUNICACIÓN DE DECLINAR UNA INVITACIÓN 126
- 4.3 谢绝邀请另例 OTRO EJEMPLO DE DECLINAR UNA INVITACIÓN 127

5. 出关税务担保函 CARTA DE GARANTÍA DE IMPUESTO 128
6. 签证推荐信 CARTA DE RECOMENDACIÓN DE VISA 130
7. 访问用语 TÉRMINOS USADOS EN LOS ASUNTOS DE VISITA 132

IV. 庆典事宜 CELEBRACIONES Y FIESTAS 135

1. 节庆前准备工作 TRABAJOS PREPARATIVOS DE UNA FIESTA 136
- 1.1 圣诞节环境布置 DECORACIÓN NAVIDEÑA 136
- 1.2 上报圣诞礼品需求的通知 PEDIDO DE PRESENTES DE NAVIDAD 137
- 1.3 统计圣诞贺卡需求 ADQUISICIÓN DE TARJETAS NAVIDEÑAS 138
- 1.4 购置圣诞物品 ADQUISICIÓN DE ARTÍCULOS DE NAVIDAD 139
- 1.5 放假通知 AVISO DE DESCANSO POR MOTIVO DE FIESTA 140
- 1.6 用餐时间通知 AVISO DE CAMBIO DE HORARIO EN EL COMEDOR 141
- 1.7 安全告示 COMUNICADO POR MOTIVO DE SEGURIDAD 142

2. 节庆讲话 MENSAJE CON MOTIVO DE UNA FIESTA ·················· 143
    2.1 圣诞新年贺辞 MENSAJE CON MOTIVO DE NAVIDAD Y EL AÑO
        NUEVO ··· 143
    2.2 新年祝酒词 DISCURSO PARA EL BRINDIS DE AÑO NUEVO ········ 145
    2.3 圣诞贺辞 MENSAJE DE LA NAVIDAD ····································· 146
    2.4 国庆致辞 MENSAJE DEL DÍA NACIONAL ································ 147
    2.5 演出讲话 PALABRAS ANTES DE UNA PRESENTACIÓN ARTÍSTICA ···· 148
    2.6 母亲节邮件 MENSAJE CON MOTIVO DEL DÍA DE LA MADRE ······ 150
  3. 结婚纪念日、星座、属相 BODAS, SIGNOS DE HORÓSCOPO Y DE
     ANIMALES ··· 150
  4. 庆典用语 TÉRMINOS USADOS EN FESTEJO DE FIESTAS ············· 153

V. 丧事处理 CONDOLENCIAS EN EL ÁMBITO EMPRESARIAL ············ 155
  1. 葬礼请柬 TARJETA DE DEFUNCIÓN ·· 155
  2. 追悼弥撒请柬 INVITACIÓN DE MISA POR EL DIFUNTO ·············· 156
  3. 留言哀悼 MENSAJE A UN FAMILIAR POR CORREO ELECTRÓNICO ···· 157
  4. 哀悼广告 PUBLICACIÓN DE CONDOLENCIAS ·························· 157
  5. 悼念留言卡 MENSAJE DE RECORDATORIO ······························· 158
  6. 丧事后慰问语 PALABRAS DESPUÉS DE UNA MISA DE DIFUNTO: ···· 159
  7. 职工协议相关条款 PACTOS CON LOS TRABAJADORES ··············· 160
  8. 丧事用语 TÉRMINOS USADOS ·· 161

VI. 招待宴请 COMIDA DE NEGOCIOS ·· 164
  1. 准备请柬 PREPARAR TARJETA DE INVITACIÓN A UNA COMIDA ···· 164
  2. 订餐电话 RESERVAR MESA POR TELÉFONO ····························· 168
  3. 饭店对话 DIÁLOGO EN EL RESTAURANTE ································ 169
  4. 饮品包装介绍 INDICACIONES DE BEBIDAS Y RECETAS ··············· 177
  5. 就餐相关用语 TÉRMINOS USADOS EN UNA COMIDA DE NEGOCIOS ···· 183

VII. 用西语打电话 HACER LLAMADAS TELEFÓNICAS EN ESPAÑOL ········ 199
VIII. 计算机用语 GLOSARIO DE TÉRMINOS INFORMÁTICOS ·············· 212

I. 企业行文格式
FÓRMULA DE DOCUMENTACIÓN

En los trabajos administrativos siempre se requiere la redacción de documentos que han de cumplir una serie de formalidades, las cuales son conocimientos fundamentales para elaborar o traducir documentos en español. Por ello, antes de dar a conocer los documentos se procede a presentar el formato en español con ejemplos o modelos de correspondencia interna, de carta y de Fax, entre otros. Archivándolos con anticipación va a ganar tiempo y lograr mucha facilidad en el trabajo como ejecutivo, asistente, secretario, traductor, etc.

Además, también se ofrecen en este apartado ejemplos de frases de comienzo y término de un texto, así como expresiones y abreviaturas de fechas y tiempos, los cuales se van a utilizar en el proceso de redacción.

Las normas de redacción en español difieren de las del chino. Por ejemplo, al iniciar un párrafo hay diferencias entre ambos idiomas: mientras en mandarín se comienza el párrafo con un espacio en blanco equivalente a dos caracteres, en español no se suele dejar ese espacio al comienzo del párrafo sino una línea en blanco entre dos párrafos.

Para expresar la fecha en el comienzo de un documento, en España se exige usar letra minúscula con los meses; en cambio, en Sudamérica se encuentra habitualmente en mayúscula.

企业行政管理工作离不开行文,了解西语行文格式是西语行文和译文的基础,所以在接触西文文件前,首先介绍企业行文的格式,其中包括内部文件格式、传真格式、信函格式,且给出了相应的范例和实例。对于企业的领导、助理、文秘、翻译等工作,如果把这些固定格式事先存入自己的文件档案,会节约工作时间,给工作带来很多便利。

另外,本章节还给出了撰文的开头和结尾的例句、时间的表述方法及部分缩写方式,这些材料在撰文过程中都会派上用场。

另外需要注意的是,西班牙语撰写文件的书写习惯与中文不同:中文段落首行要缩进;西文无须缩进,但段落之间习惯空行。

对于日期的表达,西班牙要求月份用小写,而南美经常会用大写。

1 企业内部行文格式范例 MODELO DE CORRESPONDENCIA INTERNA

COMINPE S.A.
MEMORANDUM CORRESPONDENCIA INTERNA

(1)

A : (2)	**FECHA**: (7)
DE : (3)	**ARCHIVO Nº**: (8)
ASUNTO : (4)	**COPIA**: (9)
Nº : (5)	
REF. : (6)	

Texto del documento。(文件正文)

　　　　　FIRMA　　　(10)
JEFE DEPARTAMENTO DE
　　　INGENIERIA

　　　　　APROBADO：　FIRMA　　(11)
　　　　　　　　　GERENTE DE INGENIERIA

PGLT/am　　　(12)
PD.　　　(13)
R.S.V.P. 2341567　(14)
Distribusión　　(15)

_____(16)
Av. Aviación Nº2581, San Isidro. LIMA-PERÚ　TELF. (054) 0123456-0123457. FAX(054) 123456

行文格式说明：

（1）页眉(membrete)：左上角可有logotipo (logo) 公司标志图
（2）送、呈、发、至(文件主送对象)
（3）致函人、呈送人、发件人、送件人
（4）事由、主题，还可使用título, rubro
（5）文件编号(如果文件编号为 GG 05-11，一般可理解为 GERENCIA GENERAL 总经理办 2011 年第 5 号文件)

I 企业行文格式 FÓRMULA DE DOCUMENTACIÓN

(6) 参阅文件、相关文件、涉及文件(指本文件所涉及的文件)
(7) 日期(日期/月份/年)
(8) 文件档案编号、存档编号
(9) 拷贝、会知、抄送(主送人以外的相关部门或人员)
(10) 发件人签字(横线上为姓名,下为职务)
(11) 审批人签字。有时也用V°B°(VISTO BUENO)替代APROBADO,以示同意、圈阅。
(12) 发件人/打字人(秘书)姓名打头字母: Pablo Gómez la Torre/Ana María
(13) PD.(posdata)或用Nota;也可用星号*(asterisco)。书写注释、附言或批示。
(14) R.S.V.P. 2341567,请电话确认赴约与否。(始于法语: Répondez, s'il vous-plaît;西班牙语是: Responda, por favor.)
(15) 分发,如果在主送位置是这个单词,就要到文件结尾寻找主送的人员或部门。
(16) 页脚(pie de página)注明公司地址及电话。

2 企业内部行文实例 EJEMPLO DE CORRESPONDENCIA INTERNA

COMINPE S. A.
MEMORANDUM CORRESPONDENCIA INTERNA

A	: ___Guillermo___	FECHA: 03. 05. 11
	Gerente Técnico	
DE	: ___Orlando___	ARCHIVO №:
	Gerente Logístico	
ASUNTO	: FACTURAS EXTRAVIADAS	COPIA A: Fulano Mengano
№	: GL11- 32	
REF.	: GT11- 55 del 03. 02.11	

Respecto al asunto de la referencia*, a partir de hoy se deberá llevar un mejor control en la emisión de las facturas y las firmas, no deberá suceder en adelante acontecimientos como lo ocurrido, al contrario se procederá a sancionar a los responsables.

Se recomienda que se haga el mejor esfuerzo en la búsqueda de las facturas extraviadas.

Atentamente,

Pablo Orlando Tomas
Gerente Logístico
POT/am

Av. Aviación N°2581, San Isidro. LIMA-PERÚ   TELF. (054) 0123456-0123457. FAX(054) 123456

说明：

* de la referencia：指技术部 2011 年 2 月 3 日第 GT11- 55 号文件内容

参考译文：

后勤部经理奥尔兰多致函技术部经理。会知：弗拉诺·门加诺
事由：丢失发票
　　关于 2011 年 2 月 3 日的 GT11 文件所言，今后不得再有类似事件发生，望管理好发票的开具和签字的工作，否则，将有责必究。
　　建议尽力查找丢失的发票。
　　此致敬礼。

后勤部经理奥尔兰多签字

3 信函格式范例 MODELO DE CARTA

例1 写给具体的人 Dirigirse a una persona

Jesús María, 14 de agosto de 2010 (书信人所在城市、日期)
Señor Ingeniero (收信人称呼)
FULANO DÍAZ (姓名)
Gerente General de (职务)
PETROPERU (公司)
Av. Prolongación P. Miotta 421 (公司地址：街道)
Miraflores (地址：区)
Lima (地址：市)

De nuestra mayor consideración：尊敬的某某
Texto del documento. (文件正文)

I 企业行文格式 FÓRMULA DE DOCUMENTACIÓN

Atentamente, 此致

    __Firma签名__
JEFE DPTO. DE ING.职务
    COMINPE S.A.

例2 写给单位 Dirigirse a una entidad

                                          Lima, 19 de Marzo de 2010

Señores
ICA INGENIEROS S.R.L.(公司名称)
<u>Presente.</u>(本地)

                                          Att：<u>ing.</u>
                                                    GERENTE GENERAL
                                        Ref.："CONTRATO"

De nuestra mayor consideración:尊敬的某某
Texto del documento。(文件正文)

Atentamente, 此致

    __Firma签名__
JEFE DPTO. DE ING.职务
    COMINPE S.A.

4 信函格式实例 EJEMPLO DE CARTA

COMINPE S.A.
MEMORANDUM CORRESPONDENCIA INTERNA

Lima, 15 de agosto de 2007
Señores
COMINPE S.A.
DE: Empresa X
<u>Presente.</u>

Atenc.: <u>ing. Fulano</u>
GERENTE GENERAL
Ref.: "Nuestro apoyo ante el terremoto"

Muy Sres. Nuestros:

Nos ha sido comunicada la noticia del terremoto que ha sucedido en Perú, afectando en parte a sus instalaciones en Tacna.

Esperamos y deseamos enormemente que los daños causados por este incidente sean leves y reparables.

Queremos manifestarles nuestro total apoyo, mostrándonos a su disposición para cualquier ayuda que puedan necesitar por nuestra parte.

Muy atentamente,

   <u>Pablo</u>
Jefe del proyecto
 de Empresa X

参考译文：

2007年8月15日，X公司通过弗拉诺先生，就秘鲁发生地震一事，致函科敏佩公司。

尊敬的先生们：

我方获悉秘鲁发生地震，并且殃及贵公司位于塔克纳的设施。

但愿灾害造成的损失不大，但愿毁坏设施容易修复。

在此我们想向贵公司表示，若需我们的帮助，我公司一定会全力以赴。

此致敬礼。

项目组组长帕波罗

I 企业行文格式　FÓRMULA DE DOCUMENTACIÓN

5　传真格式范例 MODELO DE FAX

COMINPE S.A.
MEMORANDUM CORRESPONDENCIA INTERNA

FAX NO GG-O56-10　(1)

A: COMINPE S.A. (2)	Fecha:(3)
Atn.: ING. _____ (4)	Fax Nº: *051 014 304600* (5)
De: ING. _____ (6)	Nº de páginas: 1/ ____ (7)
Asunto: (8)	

Texto del documento. (文件正文) (9)

范例说明 (Indicaciones del modelo):

(1) FAX Nº GG-O56-10：传真文件编号 总经理办 (Gerencia General) 2010年第56号传真

(2) A: COMINPE S.A. 至科敏佩公司

(3) Fecha: 日期

(4) Atn.: ING.: Atención: ingeniero 至某工程师

(5) Fax No: 014 304600 传真电话号

(6) De: ING. Fulano 发件人：工程师弗拉诺

(7) Nº de páginas: 2/5 第2张/共5张

(8) Asunto: 事由、主题

(9) Texto de documento 文件正文

　　El texto para enviar fax puede ser una comunicación breve y directa. Las frases que se suelen usar se caracterizan por su concisión. He aquí algunos ejemplos:
- ◆ Se está enviando el documento de ...
- ◆ Les remito vía fax el documento de ...
- ◆ Se está pasando el documento de ...

传真的正文一般都很简短，以上几个例子是常用语，内容为"现将……文件传真过去"。

6 函件开头实例 EJEMPLOS DEL INICIO DE UN DOCUMENTO

- De nuestra consideración:
- De nuestra mayor consideración:
- De mi mayor consideración:
- Muy Sres. nuestros:
- Muy Sr. mío:
- Estimado señor:
  以上几个表达方式是函件常用的开头称呼语,可译为尊敬的先生(女士)。
- Distinguido señor: 尊贵的先生,用于外交场合或重要身份人的称呼。
- Adjunto a la presente(省略了 carta), copias de la información que...
  现附上某材料复印件。
- Adjunto al presente (省略了 documento, mensaje) la factura sin valor comercial Nº 223.
  现送上第223号非商业发票。
- Adjunto encontrará el reporte de la Supervisión de... 现附上……的检查报告。
- Acusamos recibo de su atenta carta de fecha de 2 de enero en donde nos hace saber la mejor disposición(安排) de ...
  收到贵方1月2日来函,获悉贵方就……事宜给我们进行了很好的安排。
- De mi consideración:
  Es grato dirigirme a usted para solicitarles tengan a bien renovar la Carta Fianza No X.
  尊敬的先生(女士),很高兴给您写这封信,请您将第X号保函办理续期。
- De nuestra consideración:
  Es muy grato dirigirles la presente para hacer de vuestro conocimiento que ...
  尊敬的先生(女士),给您写此函是为了告知您……
- De nuestra consideración:
  Sirva la presente para saludarlos y a la vez comunicarles, en atención a su documento de la referencia, que...
  尊敬的先生(女士),首先向你们表示问候,同时想告知你们,关于参阅文件中提到的……
- De nuestra consideración:
  Por la presente les comunicamos que ...
  尊敬的先生(女士),此函想告知你们……
- De acuerdo a su solicitud verbal sobre el asunto de la referencia, le adjunto copia de los documentos pertinientes: 根据您口述对所言事情的要求,现附上相关文件的复印件
- El presente documento contiene información de... 本文件是……资料。

I 企业行文格式　FÓRMULA DE DOCUMENTACIÓN

- En atención a lo solicitado en el Fax de la referencia, hacemos de su conocimiento que la información fue proporcionada por una solicitud verbal, no existiendo, por consiguiente, cargo firmado(签章).
  有关传真所需材料,现告知您,该材料是口头索要而提供的,所以没有签章落款。
- Es grato dirigirme a usted, en atención a su carta referida a...
  很高兴给您写这封信,谈及您来函中谈到的关于……
- Es grato dirigirme a usted en atención a vuestra Carta de la referencia, para informarle que... 本函目的是为了回答参阅文件所谈及的你们的来函,告知您……
- Es grato dirigirme a Ud. Para comunicarle con relación a su pedido en la carta de la referencia, que... 很高兴给您写这封信,关于您来函所提及的要求,我方意见是……
- Estimado señor Fulano,
  Tengo el agrado de dirigirme a usted con relación a su carta de fecha X, en que solicita la opinión de ...
  尊敬的弗拉诺先生,您某日来函征求对……的意见,现给您回函……
- Hacemos de su conocimiento que... 我们想告知您……
- Le escribo(me dirijo a usted)en referencia a las plazas para profesora de español que...
  给您写此函,是为了西语教师的工作职位……
- Me dirijo a Ud. con el motivo de ... 给您发本函是为了……
- Por medio de la presente, solicito con carácter de urgencia, a más tardar a las 10 del día mañana, los datos de... 本文件目的是催交……资料,明天上午10点前必须上交。
- Por el presente, me es grato saludarlo y a la vez le estamos adjuntando las liquidaciones de ... 本函首先向您表示问候,同时送上……的结算。
- Por la presente hago llegar mi cordial saludo en nombre de mi representada (我所在单位) y hacer de vuestro* conocimiento que...
  通过本函件,首先代表公司向您表示问候,并告知您……
- Por medio de la presente tenemos el agrado de dirigirnos a Ud., para dar respuesta a vuestro Oficio. 本文件向您回答您的来函……
- Ponemos a su consideración el presupuesto que ...
  请您考虑关于……的预算(打算或想法,视具体背景)
- Por el presente documento se afirma en calidad de recepción de la impresora y componentes auxiliares como cartucho a color y su correspondiente cable.
  通过此函向您确认,我方已经收到打印机,还有彩色墨盒及配套线缆等零配件。

---

* 南美有时用"vuestro"表示尊敬。

- Por intermedio de la presente quiero hacerle llegar mi saludo, desearle un feliz año y presentarle un breve informe que me gustaría explicárselo en persona para poder lograr una mejor comprensión del tema.

  通过此函向您表示问候，祝您新年愉快。同时给您一份简短的资料。关于资料，我想与您面谈，面谈有利于更好地理解这个问题。

- Por intermedio de la presente, le comunicamos que... 给您写此函是为了告知您……

- Por la presente es grato hacerle llegar nuestro más cordial saludo, y a la vez manifestarle el interés por...

  借此函一方面向您表示热情的问候，同时也向您表示我对……的兴趣。

- Por la presente tenemos a bien (quisiéramos) comunicarle, que...

  我们给您寄发此函是想告知您……

- Por medio de la presente, les hacemos entrega del video de la filmación realizada por nosotros del trabajo de desmontaje y montaje de los equipos.

  写此函的目的是给您送上设备的装卸工作录像盘（带），该录像是我们公司自己摄制的。

- Primeramente un saludo cordial, esperando que todos se encuentren muy bien, y a la vez ... 首先向您送上问候，望大家一切顺利，同时……

- Sirva la presente para saludarlo muy cordialmente y confirmarle que...

  向您表示问候的同时，对……进行确认。

- Tenemos a bien (quisiéramos) dirigirnos a ustedes, en relación a los Contratos suscritos por su representada con el COMINPE S.A. para...

  我们给您写此函，涉及的是贵公司和我们科敏佩公司所签署的合同问题，为了……

- Tengo el agrado de dirigirme a Ud., remitiéndole copia de la carta de la referencia que nos ha hecho llegar la Oficina de Servicios para Proyectos.

  很高兴给您写这封信，随函给您送上项目服务办公室给我们来函的复印件。

- Te estoy haciendo llegar el proyecto de contrato de venta de energía para tu revisión.

  给您送上的是售电合同草本，请您过目。

7 函件结尾实例 EJEMPLOS DE DESPEDIDA DE UN DOCUMENTO

A continuación se muestran unos ejemplos del término de un documento o una carta. Al igual que en el caso del idioma chino, algunos ya pierden su sentido concreto, y sólo funcionan como fórmula de cortesía, por lo que no vale mucho la pena su traducción directa. Basta con asimilar el uso en la redacción, ya que algunas frases para terminar un documento no encuentran

I 企业行文格式　FÓRMULA DE DOCUMENTACIÓN

una adecuada traducción, consecuencia de diferentes costumbres culturales.

下面介绍了部分信函结束语,很多是没有实际意义的,只是惯用的客套说法,不用特别在意直译,只要在撰写的时候学会套用就够了。况且我们的文化习惯也不同,中文的信函结尾的客套语和西文习惯也不同,有些是无法直译的。

- Atentamente,
  这是函件惯用结尾。多数情况在函件最后,另起一行书写,也偶有在最后一句话后面接着书写的情况。有时也会写为 Muy atentamente, 或缩写形式 Atte。除了惯用的 Atentamente 以外, 也有时会使用 Cordialmente, afectuosamente, 或 estoy a su disposición, 可译为"此致""此致,敬礼""谨此""致以问候""致以敬意""祝好"等。
  在南美,函件结尾有时还用:quedo de usted, nos suscribimos de Ustedes, 或 es grato reiterarme de usted,都没有实质性意义,但却是不可缺少的客套,译文同上。直译可以是"听您的盼咐,听您的调遣,为您效劳"等。
  Atentamente 后面多数情况用",",与函件最后的签字人形成完整句式,意思是"le saluda atentamente (el suscrito)",有的句子成分被省略了。
  但也偶见用".",是因为 Atentamente 与上面的句子成分构成了完整的句子,例如:
  Aprovechamos la oportunidad para saludarles Atentamente.

- Sin otro particular, quedo de ustedes (estoy a su disposición en España).
  Atentamente,谨此,愿为您服务。

- Sin otro particular, aprovecho la oportunidad para saludarlo.
  Atentamente,别无他言,就此告别,顺致问候。此致。

- Sin otro particular, le expreso las muestras de mi más alta consideración y estima.
  别无他事,在此表达我对您的敬意。

- Agradeciendo su atención al presente, se despide.
  Cordialmente,谢谢阅读此函,就此告别。谨此。

- Hago propicia la oportunidad para reiterarlos los sentimientos de mi especial consideración y especial estima. 借此机会,再一次向您表示崇高的敬意。

- Sin otro particular, me retiro de usted. 就此搁笔,再见。

- Agradeciendo su atención a la presente, lo saludamos
  Cordialmente,谢谢关照此函,并致问候。

- Aprovecho la oportunidad para expresarle mi mayor consideración y estima.
  Atentamente,顺致问候。此致。

- Sin otro particular, y agradeciéndole desde ya la atención que le deparen(deparar 提供,给予) a la presente, nos suscribimos de Ustedes.

Atentamente, 感谢您关照此函。谨此。

- Sin otro particular y en espera de vuestra atención, me suscribo de usted.
  Atentamente, 谨此, 等候回函。此致, 敬礼。

- Sin más sobre el particular, me despido
  Atentamente, 谨此, 再见。

- Sin otro particular, es propicia la ocasión para manifestarle mi consideración y estima.
  Atentamente, 谨此, 并借此机会对您表示敬意。

- Reciba un cordial saludo. 祝好(请接受我的问候)。

- A la espera de su conformidad. 待您确认。(视具体背景,也可能是"等待您的认同"。)

- Agradeceré informárnoslo tan pronto como sea posible. 请尽快告知。(请速回函)

- Agradeciéndoles de antemano la deferencia(尊敬)de vuestra Empresa a COMINPE S.A.
  对贵方给予我科敏佩公司的尊重, 事先表示感谢。

- Aprovecho la oportunidad para expresarle los sentimientos de mi consideración.
  借此机会向您表示敬意。

- Cualquier aclaración sobre el particular(这件事), estamos a su disposición, Atentamente,
  对此事有什么疑问, 我们可随时给您解释。
  (直译:有关这件事的任何需要明确的问题, 我们听从您的吩咐。)

- Cualquier consulta sobre el particular, infórmese en el número 2341567,
  Muy atentamente, 对此需要咨询, 请拨打电话2341567, 此致。

- En espera de su pronta respuesta. 盼复。

- Esperando su pronta respuesta, se despide, Muy atentamente, 盼复。再见。此致。

- Estamos a la espera de la aprobación 等待您的批复。

- Estimaré que revises el documento y de estar conforme, te enviaría el original para tu firma y de los otros.
  请您审阅该文件, 如无异议, 我将给您寄送文件原件, 以便您和其他(领导)签字。

- Hacemos propicia la oportunidad para reiterarles nuestro agradecimiento por el servicio brindado de tantos años.
  对于贵方多年来向我们提供的服务, 我方借此机会再一次向您表示我们的谢意。

- Mucho agradeceremos se sirvan enviarnos sus comentarios a la mayor brevedad posible.
  请尽快来函说明意见, 谢谢。

- Pendientes de sus siempre gratas noticias, aprovechamos la ocasión para saludarlos, muy atentamente,
  等待你们的消息, 知道你们总能给我们送来可喜的消息。借此机会向你们表示问候。此致。

I 企业行文格式 FÓRMULA DE DOCUMENTACIÓN

- Quedamos a la espera de su pronta Orden de Compra y envío de las muestras de...
  期盼你们尽快发来采购令和……货物样品。
- Quedamos a la espera de... 我们期盼（期待、等）您的……
- Quedo en espera de noticias positivas (gratas). 敬候佳音。（我等待你们的好消息。）
- Sin nada más que agregar, me despido, esperando su pronta respuesta.
  别无他事，就此搁笔，敬候佳音。/别无他事，敬候佳音，再见。
- Sin otro particular, hacemos propicia la oportunidad para reiterarle las expresiones de nuestra mayor consideración. 别无他事。借此，再一次向你们表示我们的敬意。
- Sin otro particular, hago propicia la oportunidad para hacerle extensivo mis cordiales saludos. 别无他事，仅借此机会向你们表示热情的问候。
- Sin otro particular, lo saluda muy atentamente. 别无他事，祝好。
- Somos conocedores de su recargada labor, pero dado el tiempo transcurrido estimamos que la presente merecerá su atención, por lo que quedamos a la espera de su amable respuesta.
  深知您工作繁忙（日理万机），但因为已经过了一段时间了，还是烦您关注一下（这个问题），我们等待您的回音。
- Muchas gracias por su atención y su tiempo. Atentamente,
  耽误了您的时间，谢谢您的关照。此致。

8 日期缩写 ABREVIATURA DE FECHA Y TIEMPO

En español se suele usar siglas, de las cuales estamos enumerando algunas de las más usadas.
西班牙语惯于用缩写词，下面介绍的是部分常用的几种日期的缩写。

缩写词(SIGLA)	中文(CHINO)	西文(ESPAÑOL)
AM(a.m)	午前,上午	antes de mediodía
PM(p.m)	午后,下午	pasado mediodía
a.C	公元前	antes de era cristiana
a. J. C.	公元前	antes de (Jesús) Cristo
a.n.e	公元前	antes de nuestra era
d.C	公元(后)	después de era cristiana
ppdo.	去(年);上(月)	pasado
Pte.	本(函、文、年、月)	Presente(carta,documento,año,mes)
Ene.	1月	enero

续表

缩写词(SIGLA)	中文(CHINO)	西文(ESPAÑOL)
Feb.	2月	febrero
Mar.	3月	marzo
Abr.	4月	abril
May.	5月	mayo
Jun.	6月	junio
Jul.	7月	julio
Agt.	8月	agosto
Spt.	9月	septiembre
Oct.	10月	octubre
Nov.	11月	noviembre
Dic.	12月	diciembre
1ro.	第1	primero
2do.	第2	segundo
3ro.	第3	tercero
4to.	第4	cuarto
5to.	第5	quinto
6to.	第6	sexto
7mo.	第7	séptimo
8vo.	第8	octavo
9no.	第9	noveno
10mo.	第10	décimo
11avo.	第11	onceavo
15avo.	第15	quinceavo
19avo.	第19	diecinueveavo

9 时间和日期的表述 EXPRESIONES DE FECHA Y TIEMPO

10 días	旬/10天
la primera decena del mes	上旬
los primeros 10 días del mes	上旬
la segunda decena del mes	中旬
la decena intermedia	中旬

I 企业行文格式　FÓRMULA DE DOCUMENTACIÓN

los primeros 20 días del mes	上旬和中旬(中上旬)
la tercera decena del mes	下旬
la última decena del mes	下旬
los últimos 10 días del mes	下旬
a fines	末,终
a fines del mes	月末
a fines del año	年末,年终
actual	现在
actualmente	当前,现在,眼下
en la actualidad	当前,现在,眼下
ahora	现在
ahora mismo	现在,马上
al 31 de diciembre	截止到年12月1日
Estados Financieros al 31 de diciembre	截止到年12月1日的财务状况
año	年
el año en curso	今年,本年度,当年
el año corriente	今年,本年度,当年
el presente año	今年,本年度,当年
anual	每年的
año bisiesto	闰年
año calendario	日历年
año contable	财会年
año judicial (un año equivale a 2 año)	刑法年(一年相当于两年)
año laboral	工龄
quinquenio	五年
no menor de 2 años ni mayor de 6 años	2年和6年之间
anticipadamente	提前,事先
con anticipación	提前,事先
ayer	昨天
anteayer	前天
contados	有数的(屈指可数的)
con los días contados	有数的几天
con los años contados	有数的几年
con las horas contadas	没几个小时
contar	数(计算)
contar los días	计天
contar las horas	计时
contar minutos y segundos	计分计秒
contar los días en forma descendente	倒计时
hacer cuenta atrás para	倒计时

contar los días en forma ascendente	顺计时
contar del 6 hacia atrás	从6向后倒数
contar del 6 en adelante	从6向前顺数
de vez en cuando	有时
a veces	有时
década (10 años)	年代，十年
la década 90	90年代
la década de los 70	70年代
en los años 70	70年代
la década de los 80, 90	八九十年代
después de	……之后
día	天
el primer día	第一天
los primeros días del mes	月初
los primeros días del año	年初
el último día de	最后一天
el penúltimo día	倒数第二天
el ante-penúltimo día	倒数第三天
el 6 de Mayo ppdo.(pasado)	上一个5月6日
el 8 del mes corriente	本月8日
alrededor del día 8	8日左右
aproximadamente el día 8	大约8日
en la proximidad del 8	8日左右
el 8 de los corrientes	今年本月8日
(del mes corriente del presente año)	（今年本月）
diario	每天的
día calendario	日历天(含节假日)
días hábiles	工作日(不含节假日)
días útiles	工作日(不含节假日)
días laborales	工作日(不含节假日)
días de trabajo	工作日(不含节假日)
en la proximidad de 2 días	大约2天
el día primero de cada mes	每月第一天
el primer día de la semana	某周第一天
en los próximos días	过几天
con anticipación de 4 días	提前4天
dentro de los cinco 5 días	5天的时候
5 días posteriores a los de la carta fianza	收到保函后5天
en el pasado	过去
en su oportunidad	届时(当时)
fecha	至今

I 企业行文格式　FÓRMULA DE DOCUMENTACIÓN

a la fecha	至今，当今
fecha y hora	时间
fecha y hora de la reunión	会议时间
el jueves, 6 de feb.	2月6日（周四）
fecha de inicio	起始日期
fecha de término	结束日期
frecuentemente	经常
a menudo	经常
futuro	将来，今后
en el futuro inmediato	近期
en el futuro	在将来
hora	小时
hora precisa	准确时间
horario	每小时的
mañana a primera hora	明早第一时间
hoy	今天
hoy día	今天
el día de hoy	今天
inicio	初，始
al inicio del mes	月初
al inicio del año	年初
instante	瞬间
en este instante	现在
en el instante	即时（那时候）
en este preciso instante	正当那时
en el preciso instante	正好那时（恰逢其时）
justamente	正好（刚好，恰好）
luego	一会儿
luego de	……之后
más luego	晚些时候
madrugada	清晨
mañana	早上（明天）
el día de mañana	明天
pasado mañana	后天
en (por) la mañana	早上
mes	月
la primera quincena del mes	上半月
la segunda quincena del mes	下半月
mensual	每月的
quincenal	半月的（每十五天的）

mes bisiesto		闰月
el mes en curso		当月,这月,本月
el mes corriente		当月,这月,本月
el presente mes de		这月,本月
en el transcurso del mes		在(某月)期间
durante el mes de		在(某月)期间
en el primer mes del año corriente		今年头一个月

milenio (1000 años) 千年
    segundo milenio 2000年,两千年
    estamos en el segundo milenio 我们处在两千年之际
    estamos en el año 2000 我们进入两千年
    estamos en el siglo XXI 我们进入了21世纪
    está aproximándose el año dos mil 2000年即将来临

momento 片刻
    en el momento preciso 正在那时(恰逢其时)
    en el preciso momento 正在那时
    en este mismo momento 即刻
    en este momento 这时候

período 阶段
    el período de 在某一阶段
    durante el período corriente 在现阶段

plazo 期限
    a plazo 定期
    cuenta a plazo 定期账户
    a corto plazo 短期
    largo plazo 长期
    plazo medio 中期
    préstamo de largo y medio plazo 中长期贷款
    en un plazo no mayor de 10 días 10天之内
    plazo vencido 到期(有效期)

posteriormente 然后 后来
    posteriormente de (某件事)以后

semana 周
    la primera semana del mes x 某月第一周
    primeras semanas 头几周
    semanal 每周的

semestre 半年(学期,六个月)
    el primer semestre 上半年
    el segundo semestre 下半年
    semestral 每半年的

I 企业行文格式 FÓRMULA DE DOCUMENTACIÓN

semianual	每半年的
siglo(100 años)	世纪
el siglo XX	20世纪
la primera mitad del siglo XIX	19世纪上半叶
estamos en el siglo XXI	我们处在21世纪
medievo (medieval)	中世纪(中世纪的)
tiempo de servicio	工龄
trimestre	季度(三个月)
el primer trimestre del año	第一季度
el segundo trimestre del año	第二季度
el tercer trimestre del año	第三季度
el cuarto(último) trimestre del año	第四季度
trimestral	每季度的
últimamente	最近

II 人事管理
ADMINISTRACIÓN PERSONAL

Forma una parte muy importante la administración personal dentro del control administrativo empresarial, que abarca una serie de trabajos que componen los de aspectos de Contratación de personal, Retiro de la empresa, Evaluación del desempeño, Promoción y Nombramiento de personal, Sanciones por errores, Descanso de permiso, etc., de dichos casos se presentan ejemplos verídicos a continuación en el idioma español con una explicación en chino.

Vale la pena mencionar que en las empresas occidentales se clasifica a los trabajadores en "obreros, empleados y funcionarios". Cada uno de ellos tiene su propia definición, a diferencia del caso de nuestro país, a causa de los distintos sistemas sociales. En caso de que se refiera a todo el personal de la empresa, debe expresarse como "todos los trabajadores", no se expresa con "todos los obreros", ni "todos los empleados"; tampoco "todos los funcionarios", de modo que cada uno de los tres dichos tiene su limitación.

人事管理是企业行政管理的重要组成部分，涉及一系列的工作。本篇对企业人员的招聘、离职、业绩的评估、级别的晋升、职务的任命、违纪的处分及休假的审批等多个人事管理环节的工作进行了中西对照的实例介绍。

对于人事工作，应该进行说明的是，由于社会制度不同，西方企业的人员等级分明，所以要注意用词，比如：全体员工，要用"todo el personal"或"todos los trabajadores"，而不可以从"obrero, empleado, funcionario"中任选一词去代替，因为它们都仅仅代表了一部分员工。

1 人员招聘 CONTRATACIÓN DE PERSONAL

La contratación de personal por parte de un departamento de una empresa tiene su propio proceso: Solicitar la contratación de personal, Rellenar formatos de pedido personal, Publicar avisos de contratación, Recibir cartas de presentación de los postulantes, Alcanzar la solicitud al Ministerio de Trabajo, Firmar contrato con el trabajador, Prorrogar el contrato de trabajo, Avisos internos del ingreso de personal, Entregar certificados de trabajo cuando termine el contrato, y el de estudio en el caso de que participara en un curso de capacitación dentro de la duración de su contrato. También se incluye en este apartado la carta de actualización del currículum vitae de su personal.

Aparte de lo arriba mencionado, de lo que se está proporcionando ejemplos prácticos, también se adjunta a su vez dentro del presente capítulo el modelo de formato de Movimiento de personal.

企业部门招聘工作人员有一定的程序：向公司主管部门提出招聘申请；填写申请表格；刊登招聘启事；接收应聘人员应聘函件；确定人选后向劳工局办理用人手续；与应聘人员签订劳务合同；合同延期；应聘人员进单位后向具体部门下发通知；合同结束后开具工作证明；工作期间如有培训，还要开具培训证明；更新个人履历内容等。

下面不但介绍了上述行文实例，且附上了人事变动申请表的范例。

1.1 招聘申请 SOLICITUD CONTRATACIÓN DE PERSONA

COMINPE S.A.
MEMORANDUM CORRESPONDENCIA INTERNA

A : Jefe dpto. Relaciones Industriales	**FECHA** :	
DE : Supte*. Mantenimiento	**No. ARCH**:	
ASUNTO : REQUERIMIENTO DE PERSONAL	**COPIAS**:	

Con el objeto de cubrir las vacantes dejadas por los ingenieros Dulanto (Por retiro de la Empresa) y Llave (Encargado de la Jefatura Seguridad) y a lo dispuesto por la Gerencia General, le solicitamos disponga Ud. que se hagan los trámites para cubrir dichas vacantes.

El personal requerido debe cumplir, entre otros, los siguientes requisitos:

Ser ingeniero mecánico.

> Tener Experiencia de 10 años.
> Tener amplia responsabilidad** y disponibilidad para trabajar en 3 turnos.
> Edad: alrededor de 40 años
> Disponibilidad: inmediata
> Cargo: Asistente supervisor
>
> Atentamente,
>
>   Fulano
> Superintendente Mantenimiento   Mengano
>   Gerente Producción

说明：
*Supte Superintendente 主管
**amplia responsabilidad:
alto sentido de la responsabilidad,
mucha responsabilidad;
muy responsable.
责任心强。

参考译文：

维修部门主管致函工业关系办公室：

  我部门杜兰托先生离职，亚维先生前往安全办公室任职，根据总经理办公室的安排，请您安排办理（招聘）手续，以填补人员的空缺。

  所需人员条件：机械工程师；10年工作经验；工作责任心强并具备三班倒上班的条件；年龄在40岁左右；能立即就职；聘任职务：监理助理。

            维修部门总管弗拉诺和生产部经理门加诺签字

II 人事管理 ADMINISTRACIÓN PERSONAL

1.2 招聘申请表实例 FORMATO DE PEDIDO PERSONAL

\multicolumn{4}{c}{**COMINPE S.A.**}			
PEDIDO DE PERSONAL		Obrero Empleado PAS	Este cuadro será llenado por el Departamento de Personal
Departamento: Sección:		Centro de Costos	Nº de Pedido:
Título del Puesto *MECANICO*		Nº Posiciones	Remuneración Annual:
Turno de Trabajo	Tipo de Contrato Permanente Temporal	Nº Días	Categoría: Código
Aumento de fuerza Sí No	Nombre de Reemplazado:		Fecha Requerida: Inmediato
\multicolumn{4}{l}{REQUERIMIENTO BÁSICO PARA EL PUESTO: (Adjunte descripción de puestos)}			

Edad:
    Máxima
    Mínima
	Educación:
	Primaria Técnica
	Secundaria Superior
			Idioma:
			Hablar Escribir
			Indispensable

Sexo:
    Masculino
    Femenino
	Título Requerido (Profesional, Académico, Oficio)
	    INGENIERO ADMINISTRATIVO
			Deseable
			No necesario

\multicolumn{4}{l}{Experiencias Requeridas para el Puesto **(Especifique tipos y tiempo de experiencias necesarias para desempeñar el Puesto).**}			
\multicolumn{4}{l}{— *Bachiller en la especialidad de Administración con un año de experiencia en labores relacionadas con Entrenamiento y Capacitación.*}			
\multicolumn{4}{l}{*(Para este puesto se recomienda al Sr. Ismael Espinosa, integrante del Programa de Extensión Profesional que, durante su permanencia en Entrenamiento ha demostrado condiciones muy aceptables.)*}			
\multicolumn{4}{l}{Otros Requisitos para el Puesto (Especifique habilidades o condiciones físicas)}			
\multicolumn{4}{l}{— Persona joven, dinámica, con deseos de superación}			
\multicolumn{4}{l}{— Capacidad para soportar carga intensa de trabajo y condiciones personales para tratar con público.}			

Justificación detallada de este Pedido	
Debido a la falta de personal para dar soporte a trabajo de investigación, análisis y condiciones de curso de capacitación; preparar programas mecanizados de control de cursos recibidos por la totalidad del personal de la Empresa, organizar lo estadístico de capacitación y evaluación; atender la afluencia（汇集）de firmas proveedoras para que dicten charlas técnicas en las áreas de trabajo y otras labores a fines del Departamento de Capacitación, se requiere la contratación temporal del personal solicitado.	
AUTORIZACIÓN DEL PEDIDO DE PERSONAL (Seguir el orden indicado)	
Originador	Jefe de Personal	Gerente

NOTA DEL FORMATO 表格说明

Pedido de personal 要人申请
Obrero 工人
Empleado 职员
PAS 官员
Este cuadro será llenado por el Departamento de Personal 由人事科（处、部门）填写
№ de Pedido: 申请号
Remuneración anual: 年薪
Categoría: 级别 等级
Código 序号
Departamento: 科（处、部门）
Sección: 室（部门）
Centro de costos 成本中心
Título del puesto 职务名称
Analista 分析员
№ posiciones 人数（几个岗位）
Turno de trabajo 班次
Tipo de contrato 合同类型
Permanente 长期（合同）
Temporal 临时（合同）
№ días 天数

Educación: 学历（所受教育）
Primaria 小学
Técnica 技校
Secundaria 中学
Superior 高等教育
Idioma: 语言要求
Hablar 口头
Escribir 书面
Indispensable 必须的
Deseable 希望的
No necesario 不要求必须填写
Sexo: 性别
Masculino 男
Femenino 女
Título requerido 职称需求
Profesional 专业人员
Académico 中专
Oficio 职业
Ingeniero administrativo 行政管理工程师
Autorización del pedido 申请审批

II 人事管理 ADMINISTRACIÓN PERSONAL

Aumento de fuerza 增加人员（人力）
Nombre de reemplazado: 被顶替人员姓名
Fecha requerida: 需要时间（日期）
Inmediato 现在（马上要）
Requerimientos básicos: 基本要求
Adjunte descripción de puestos 附职位描述
Edad: 年龄
Máxima 最大
Mínima 最小

Seguir el orden indicado
按规定顺序审批
Originador 申请人
Jefe de departamento 科长、处长
Jefe de personal 人事科（处）的领导
Jefe de RR.II.（Relaciones Industriales）
工业关系科科长/处处长
Gerente 经理
Gerente general 总经理

Experiencias Requeridas para el Puesto   (Especifique tipos y tiempo de experiencias necesarias para desempeñar el Puesto)   对岗位经验（资历）的要求   （说明所需岗位对资历及工作时间的要求）
Otros Requisitos para el Puesto (Especifique habilidades o condiciones físicas)   岗位其他要求（要说明对熟练程度及身体状况的要求）
Justificación detallada de este Pedido   要人申请的具体理由
AUTORIZACIÓN DEL PEDIDO DE PERSONAL (Seguir el orden indicado)   要人申请的审批（按顺序进行审批手续）

Originador 制表人	Jefe de Personal 人事部门领导	Gerente 经理

1.3 刊登招聘启事 PUBLICIDAD DE CONTRATACIÓN DE PERSONA

COMINPE S.A.
MEMORANDUM CORRESPONDENCIA INTERNA

San Isidro, 20 de enero de 2010

Señores
DIARIO "EL COMERCIO"
Jr.* Antonio Miró Quesada No. 300
Lima.–

Atn.: Sr. Orlando Guimareas
       Dpto.** Financiero

De nuestra consideración:

Agradeceremos (que) se sirva disponer (se disponga) lo conveniente, a fin de efectuar la publicación del aviso adjunto, según las siguientes características:

TAMAÑO : 12.5 de ancho x 10.5 cm. de alto
FECHA : Domingo 22 de enero de 2011
Sección : Empleos en general
Sin otro particular, quedamos de ustedes (quedamos a su disposición),

Atentamente,

COMINPE S.A.

           Fulano
Jefe de Relaciones Públicas

Adj.: Texto de publicación

II 人事管理 ADMINISTRACIÓN PERSONAL

参考译文：

公司公关科写给《商报》广告部门

尊敬的先生们：

请安排好刊登下列广告事宜，广告内容附后，广告要求如下：

广告规格：12.5cm×10.5cm（宽×高）

日期：2010年1月22日（周日）

版面类别：聘任一般职务栏目

谨此。

科敏佩公司公关科（处）长弗拉诺签字

广告原文附后。

TEXTO DE PUBLICACIÓN:

EMPRESA IMPORTANTE EN EXPLOTACIÓN DE MINA

REQUIERE: INGENIERO MECÁNICO

— Experiencia no menor de diez (10) años en tareas de supervisión en el sector mecánico;
— Tener amplio sentido de la responsabilidad, así como disponibilidad para trabajar en 3 turnos diferentes;
— Puesto: asistente de supervisor
— Incorporación inmediata;
— Edad: Alrededor de 40 años.

Agradeceremos a las personas interesadas, remitir su currículum vitae a este Diario, indicando pretensiones salariales, anotando las iniciales M.A.M.

说明：

*Jr.: jirón

**Dpto.: departamento

参考译文：

大型矿业公司

现诚聘机械工程师一名：
——具备机械类的监管工作10年以上工作经验；
——工作责任心强并具备三班倒上班的条件；
——聘任职务：监工助理；
——能立即上岗；
——年龄：40岁左右。
凡有意应聘者，请将个人履历寄往本报，并注明期望工资。来信请以M.A.M.打头。

1.4 应聘函 CARTA DE PRESENTACIÓN PARA SER CONTRATADO

Lima, 13 de Enero de 2010

Señores:
EMPRESA COMINPE S.A.
REF.:

Ante Uds. yo Ismael Espinosa, me presento como Bachiller en Ingeniería Mecánica, egresado de la Universidad Inca e Ingeniero Mecánico; además, he llevado un curso completo de Inglés en el Instituto Británico y tengo mucha experiencia en campos afines.

Solicito (que) se sirvan admitirme como postulante al concurso que refiere el anuncio publicado en el diario "El Comercio" de Lima convocado por su EMPRESA.

Me gustaría desempeñarme en dicha empresa para así aplicar al máximo los conocimientos recibidos y experiencias de trabajo, seguro de poder prestarles eficientes servicios y realizarme en mi carrera profesional (desarrollar mi carrera profesional); por tanto Sres. EMPRESA COMINPE: Solicito que me brinde la oportunidad de demostrarles que puedo serles útil a Uds.

Atentamente,

Ismael Espinosa

II 人事管理 ADMINISTRACIÓN PERSONAL

> 参考译文：

科敏佩公司各位先生：

  我，伊斯马埃尔，向诸位进行自我介绍：我是机械工程师，毕业于印加大学机械工程专业；曾在英国学院（Instituto Británico）举办的英语培训班接受全程培训，亦具备相关领域的工作经历。

  贵公司在利马《商报》刊登了招聘启事，望贵单位能允许我参加应聘。

  我十分愿意在贵公司任职，将尽力应用本人的学识和经验，利用我学的专业。我保证能给贵公司提供高效的服务。因此，希望科敏佩公司的各位先生们给我一个表现机会，表明我能够成为公司有用之人。

伊斯马埃尔

2010年1月13日

于利马敬上

1.5 本土人员劳务合同实例 CONTRATO CON PERSONAL NACIONAL

COMINPE S.A.A.

  Conste por el presente documento que se suscribe por triplicado, el contrato individual de trabajo sujeto a modalidad que celebran de una parte COMINPE S.A.A. con RUC 56789, con domicilio en Av. Aviación Nº 2581, San Isidro LIMA, en adelante La EMPRESA, representada por el Sr. X, Gerente de Administración, con pasaporte número G12345 y el Ing. Y, Sub-Gerente de gestión identificado con L.E.(选举证)23456, y de la otra parte, Don Ismael Espinosa, en adelante EL TRABAJADOR, identificado con Libreta Electoral No. 34567, de nacionalidad peruana, con domicilio en Tacna en los términos siguientes:

PRIMERA:

Que resulta necesario a efecto de analizar la recuperación de Proyectos realizados en LA EMPRESA desde el año de 2009 a la fecha, contar con un Ingeniero Mecánico de la Gerencia Técnica.

SEGUNDA:

En virtud del presente contrato documento y al amparo de lo que dispone el Art. 63, e Inc. "a" del Art. 56 Texto Unico Ordenado del D. leg. 728, ley de Productividad y Competitividad Laboral aprobada mediante D.S.003-97-TR*, LA EMPRESA celebra con EL TRABAJADOR, el presente contrato sujeto a modalidad como Contrato de Trabajo para Servicio Específico, para que realice las labores propias y complementarias indicadas en la cláusula anterior con residencia en Tacna.

El TRABAJADOR conviene en prestar estos servicios con esmero, lealtad y con sujeción a las instrucciones que se le impartan(要求).

TERCERA:

El plazo de vigencia del presente contrato es de DOS MESES, que se computará a partir del 19 de noviembre de 2010 y que, en consecuencia, vencerá el 18 de enero de 2011.

El plazo indicado es el tiempo estimado para cubrir las necesidades expresadas en la cláusula Primera.

CUARTA:

EL TRABAJADOR cumplirá el horario de trabajo que desarrolla el personal de funcionarios de LA EMPRESA y percibirá como retribución por el trabajo que realice en ejecución del presente contrato la suma de S/.1400,00 (un mil cuatrocientos y 00/100 nuevos soles). Este pago con todo concepto está sujeto a los descuentos establecidos mediante ley. EL TRABAJADOR tendrá el derecho a los demás beneficios que las leyes establecen para estos contratos. La presente cláusula debe ser interpretada en caso de duda sobre su alcance, a la luz del Art. 79 del TUO aprobado por D.S. 003-97, cuyo texto se considera parte de este contrato.

QUINTA:

Por ser el área de Tacna el lugar de procedencia para la ejecución de este contrato, LA EMPRESA otorga las facilidades de alojamiento y alimentación a la tarifa R-2 por el tiempo que dure la ejecución del presente contrato.

SEXTA:

EL TRABAJADOR deberá cumplir con las normas, políticas, procedimientos y reglamentos internos que se impartan por la Administración. El incumplimiento de las cláusulas precedentes motivará la aplicación de los Arts. 24 y 25 del TUO del D. Leg. 728, ya mencionado aprobado por D.S. 003. 87-TR*.

SEPTIMA:

Queda entendido que LA EMPRESA no está obligada a dar aviso alguno adicional referente al término del presente contrato operando su vencimiento en la fecha señalada en la Cláusula Tercera, oportunidad en la que se abonará al TRABAJADOR los beneficios sociales que pudieran corresponderle.

OCTAVA:

Los beneficios sociales que generan la relación laboral a modalidad que origina el presente contrato, serán los establecidos por la legislación laboral.

NOVENA:

Tratándose de una labor para servicio específico y por exigirlo así la naturaleza temporal de la labor que presentará EL TRABAJADOR, el presente contrato queda sujeto a las normas del D. S. 003. 97-TR que aprueba el TUO de la Ley de Productividad y Competitividad laboral integrante del D.leg.728.

En fe de lo cual**, es extendido y firmado en tres ejemplares en Tacna, a los Diecinueve días de enero de dos mil diez.

<u>firma</u>   <u>firma</u>
EL TRABAJADOR   GERENTE DE ADMINISTRACIÓN

JCV/vl

说明：
* los Arts. 24 y 25（Los artículos 24 y 25）：第24、25条法律条款
TUO (Texto Único Ordenado)：指法律的统一文本
D. Leg. (Decreto Legislativo)：立法
D.S. (Decreto Supremo)：最高法令
003. 87-TR.：批文序号
** En fe de lo cual: para verificar que la relación entre las dos partes es real y ambas están de acuerdo en todo lo dicho en este contrato, se deja constancia a través de la firma de ambas partes."lo cual"指合同，确认合同无误，说的是双方关系属实，且双方同意合同内容，双方签字，立此为证。

参考译文：

兹证本一示三份的文件，属私人劳务合同。

合同双方：

一方（甲方）为科敏佩公司（税号为56789，地址为利马市，圣·伊西德罗区阿维亚雄大道2581号，以下称"公司方（甲方）"，由其行政部X经理（护照号为G12345）和经营部Y副经理（选举证号码为23456）代表；

另一方(乙方)为艾斯比诺萨先生(选举证为34567,住在塔克纳),以下称"劳动者(乙方)"。

合同条款如下:

第一条:公司对从2009年至今进行的项目的恢复工作进行了分析,"公司方(甲方)"决定技术部需要一名投资项目分析员。

第二条:根据本合同,依据现行法律(第63条和第56条"a"款)的规定,"公司方(甲方)"与"劳动者(乙方)"签订本合同属专项服务合同,仅为完成上述条款指明的专项或附属工作,工作地点在塔克纳。

"劳动者"提供服务的态度要细心、诚恳,并按要求完成工作。

第三条:合同有效期为两个月,从2010年11月19日起,至2011年1月18日止。合同是为满足本合同第一款指出的需要而签订,所以合同期限为大致期限。

第四条:"劳动者"执行公司官员的作息时间,合同规定的工资为1400索尔/月,该酬金需要依法进行扣款。"劳动者"有权享受法律规定的所有福利待遇。对本条款涉及范围的理解如有疑问,请参见法律第79条(Art. 79 del TUO),该法的最高法令的批文号为003-97。该法律内容,构成本合同的一部分。

第五条:因为合同执行地在塔克纳厂区,所以在合同期内,公司提供食宿,其餐费标准为R-2等级。

第六条:"劳动者"必须遵守公司行政管理部门制定的内部规定、政策、程序和规章制度。违反上述规定,将依第24、25条法律行事。

第七条:合同如是理解,依据本合同第三条规定,合同到期,视为合同结束,"公司方"无须另行通知。该条款亦说明了"公司方"为"劳动者"缴纳应缴纳的社会福利。

第八条:本合同涉及的社会福利,是指劳工法对本类合同规定的劳务法的社会福利。

第九条:由于本合同属专项工作合同,"劳动者"所承担工作属短期性质的工作,所以本合同应遵从的法律是最高法令的第003.97-TR条款。

双方对合同确认无误,在合同上签字,合同一式三份,签字日期为二零一零年一月十九日。

劳动者签字　　　　　　　　　　　　　　行政经理签字

1.6 入职通知 INGRESO DE PERSONAL

COMINPE S.A.
MEMORANDUM CORRESPONDENCIA INTERNA

A	: DISTRIBUCION "A" Y "B"*	FECHA:
DE	: _____FULANO_____	No. ARCH:
	Gerente de Administración	
ASUNTO	: INGRESO DE PERSONAL	COPIAS:
No.	:	

Se hace de conocimiento el ingreso del siguiente Funcionario a la Gerencia de Producción, a partir del 16 de enero (Enero) de 2010.

   ISMAEL ESPINOSA Ingeniero Mecánico

Agradeceré las facilidades que se les brinde al mencionado Funcionario, para el mejor desempeño de sus responsabilidades y funciones.

Atentamente,

_____Fulano_____
Gerente de Administración

参考译文：

人事行政部经理，下发A、B两级官员

事由：入职通知

  自2011年1月16日起，艾斯比诺萨官员，将作为机械工程师，在生产部从事工作，特此通知。

  为了使该官员能更好地尽职尽责，望大家提供方便。谢谢。

  此致。

弗拉诺
人事行政部经理

说明：

*DISTRIBUCIÓN "A" y "B"：（文件）下发至A、B两级官员

1.7 索要工作证明 SOLICITAR CERTIFICADO DE TRABAJO

Lima, 19 de Enero del 2011

SEÑORES COMINPE S.A.

At. Señor Jefe de Personal

Yo, **ISMAEL ESPINOSA,** identificado con Lib. Electoral #3452 y domiciliado en Calle Morisot, 149, del distrito de San Borja; me presento a ustedes para lo siguiente:

Que habiendo laborado para la empresa que ustedes dirigen **desde el 19–01–10 hasta el 18–01–11** aproximadamente.

Que es requisito indispensable para contar con una Previsión Social, con un Certificado de Trabajo y la ubicación de la Planilla donde acredite mis aportes efectuados.

POR LO EXPUESTO:

Solicito a ustedes me extiendan una Constancia de Trabajo por el período que laboré en la Empresa donde haga mención, además, de la ubicación de la Planilla para su verificación.

Atentamente,

_____Firma_____
ISMAEL ESPINOSA

II 人事管理 ADMINISTRACIÓN PERSONAL

参考译文：

致科敏佩公司人事部门领导

人事部门领导：

  我，艾斯比诺萨，选举证号码为3452，现居住地点为San Borja区Morisot街149号，给您写信的目的如下：

  我曾在贵公司工作，工作时间大约从2010年1月19日到2011年1月18日。

  我需要社保证明与工作证明；另外，为了证明已缴纳的保险费，还需要开具证明说明本人人事档案编号。

  为此，请您给我开具在贵公司工作的证明，证明上还需说明人事档案位置，以备查找。

此致

敬礼

艾斯比诺萨

1.8 工作证明 CERTIFICADO DE TRABAJO

COMINPE S.A.

MEMORANDUM CORRESPONDENCIA INTERNA

EL QUE SUSCRIBE, Jefe de Administración de Personal, de la EMPRESA COMINPE S.A.

CERTIFICA

Que el señor Ismael Espinosa, de nacionalidad peruana, identificado con Lib. Electoral #3452, ha trabajado en nuestra Empresa desde 19/01/10 hasta 18/01/11, desempeñando el puesto de INGENIERO MECÁNICO en la Sección MANTENIMIENTO, PERCIBIENDO UN JORNAL BÁSICO DE S/.30 diario. Deja el servicio por término de contrato.

Durante su permanencia en nuestro centro de trabajo, ha demostrado eficiencia y honradez.

Expedimos el presente a solicitud del interesado para los fines que crea conveniente.

Lima, 19 de enero de 2011

_____Mengano_____
Jefe de Administración de Personal

参考译文：

本人(签字人)系科敏佩公司人事科科长,现证明：

艾斯比诺萨,秘鲁人选举证号码3452,曾于2010年1月19日到2011年1月18日在本公司工作,系维修部门机械工程师,基本工资为30索尔/天。合同期满,工作结束。

在公司工作期间,该员工工作态度十分诚恳,工作效率很高。

根据本人要求,开具此证明,以备其用。

2011年1月19日,于利马

1.9 培训证明 CERTIFICADO DE ESTUDIO

COMINPE S. A.

MEMORANDUM CORRESPONDENCIA INTERNA
CENTRO DE CAPACITACIÓN

CERTIFICA

QUE ISMAEL ESPINOSA

Ha participado en el Curso* de Prevención de Riesgos Laborales
Desarrollado del 1º de enero al 31 de marzo de 2010
Con una duración de 120 horas.

Tacna, 5 de abril de 2011

Mengano
DIRECTOR DE CENTRO
DE CAPACITACIÓN DEL PERSONAL

II 人事管理 ADMINISTRACIÓN PERSONAL

说明：
* Curso 培训班
  Curso de nivel inicial 初级培训班
  Curso de nivel básico 基础培训班
  Curso de nivel avanzado 高级培训班

参考译文：

人员培训中心证明

艾斯比诺萨曾参加"预防劳动风险"学习班，进行培训。
培训时间：2010年1月1日至3月31日。
培训课时：120学时。

2011年4月5日 于塔克纳
门加诺
培训中心校长

1.10 现行资料存入个人档案 ACTUALIZAR EL CURRÍCULUM VITAE

COMINPE S.A.
MEMORANDUM CORRESPONDENCIA INTERNA

A	: Fulano	FECHA:
	Gerente de Administración	
DE	: ISMAEL ESPINOSA	ARCHIVO №:
ASUNTO	:	COPIA:
№	:	

Adjunto a la presente sírvase encontrar copia del currículum vitae del suscrito (本人) actualizado a la fecha. Motiva esta comunicación el hecho de que en anterior oportunidad he podido comprobar que en mi file personal no figura información actualizada.

Agradeceré el trámite de la información remitida.

Atentamente,

FIRMA
ISMAEL ESPINOSA

CAA/abc

参考译文：

安赫尔致函人事部经理：

上次，我发现个人档案中的资料缺少最近的信息资料，所以现随函附上本人更新后的简历。

烦请将本次送上的资料办理（存档）手续。

此致

安赫尔

1.11 向地方劳动局申请用人 SOLICITUD AL MINISTERIO DE TRABAJO

COMINPE S.A.
MEMORANDUM CORRESPONDENCIA INTERNA

SEÑOR SUB-DIRECTOR REGIONAL DE TRABAJO

COMINPE S.A.A., representada por el señor Fulano, en calidad de Jefe del Departamento de Relaciones Industriales, identificado con Libreta Electoral No 256 (选举证号——编者), a Ud., atentamente, dice:

Que, de conformidad con los dispositivos legales vigentes, a la fecha estamos remitiendo a vuestra (su) Sub-Dirección el Contrato Individual de Trabajo sujeto a modalidad del Sr. Espinosa, razón por la cual solicitamos su aprobación.

Para tal efecto declaro bajo juramento* que el trabajo que realizará el Sr. Espinosa tiene naturaleza temporal. No está de más precisar que mi representado (我们公司——

编者) está a su disposición para las verificaciones que su Despacho considere oportunas.

POR TANTO:

A Ud. le pido acceder a mi solicitud, para lo cual adjunto el Comprobante de pago del Tupa (Trámite Unico Procedimiento Administrativo) correspondiente.

Lima, 21 de Diciembre de 2011.

COMINPE S.A.A.
Firma
JEFE DEL DEPARTAMENTO
DE RELACIONES INDUSTRIALES

说明：

* bajo juramento: una declaración jurada 指宣誓声明，这意味着要负法律责任。

参考译文：

地方劳动局副局长：

科敏佩股份有限公司，由其工业关系科科长弗拉诺（选举证号为256）作为代表，向您说明如下：

依现行法律条文规定，我们在办理有关法律手续前，现向贵办公室递交艾斯比诺萨先生的固定形式个人劳务合同，请您审批。

对此我向您声明，该先生所做工作属临时性工作，对贵办公室可能进行的验证，我们已做好了准备。

望您批准为盼。附手续费收据于后。

1.12 合同表格 FORMATO DE CONTRATO DE TRABAJO

El siguiente es el formato que debe adjuntarse en el momento de presentar la solicitud de registro al nuevo personal en el Ministerio de Trabajo（ver 1.11）

本表是向劳动局申请用人备案（参见1.11）时需要填写的表格，表中带有中文说明。

CONTRATOS DE TRABAJO SUJETOS A MODALIDAD
(D. Leg. 728)

I. DATOS DE LA EMPRESA 公司资料

1. R.U.C. 税号	2. NOMBRE O RAZÓN SOCIAL 公司名称	
3. DIRECCIÓN DE LA EMPRESA 公司地址		
4. DISTRITO 区、县	5. PROVINCIA 省	6. DEPARTAMENTO 地区	7. TELÉFONO 公司电话
8. ACTIVIDAD ECONÓMICA(经营范围)			

II. INFORMACIÓN RESUMEN SOBRE CONTRATOS DE TRABAJO 劳务合同简述

9. MODALIDAD 合同类型 (Instrucciones al dorso 见背面)	10. NUM. DE TRABAJADORES POR 雇工人数		11. TOTAL PERSONAL CONTRATADO (a,b) a, b 两类雇工总数
	INICIO DE CONTRATO (a) 新聘	PRÓRROGA DE CONTRATO (b) 合同延期	
TOTAL 共计			
I. NATURALEZA TEMPORAL 临时工			
ART. 91º 依据第 91 条款			
ART. 92º 依据第 92 条款			
ART. 93º 依据第 93 条款			
II. NATURALEZA ACCIDENTAL 短工			
ART. 94º 依据第 94 条款			
ART. 95º 依据第 95 条款			
ART. 96º 依据第 96 条款			
III. OBRA O SERVICIO 工程或工作需要雇工			
ART. 97º 依据第 97 条款			
ART. 98º 依据第 98 条款			
ART. 101º 依据第 101 条款			

II 人事管理 **ADMINISTRACIÓN PERSONAL**

III. INFORMACIÓN SÓLO PARA EL MINISTERIO (NO LLENAR) 劳工部部分（填写）

12. ORGANISMO DESCONCENTRADO (DIRECCIÓN GENERAL DE TRABAJO Y PROMOCION SOCIAL) 权利下放组织（属劳工和社会促进总局）	13. CÓDIGO 序号

1.13 外籍人员劳务合同实例 CONTRATO DE TRABAJO DE EXTRANJEROS

CONTRATO DE TRABAJO EXTRANJERO
(D.L. No. 689 y D.S. No 014-92TR)

Conste por el presente documento el Contrato de Trabajo de personal extranjero a plazo determinado, que celebran de una parte la EMPRESA COMINPE S.A. con RUC 10012398, con domicilio en Av. Aviación Nº 2581, San Isidro Lima, cuya constitución obra debidamente en ASIENTO 0156 - FICHA A - 55555 del Registro Público de MINERÍA, dedicada a la actividad económica de EXPLOTACIÓN MINERA, habiendo dado inicio a su actividad empresarial con fecha 1 de enero del año 1990, debidamente representada por JUAN RAMÓN DOMÍNGUEZ, identificado con L.E. 08261070, mandato se halla inscrito en el ASIENTO 160 FICHA 123 del LIBRO SOCIEDADES CONTRACTUALES de los Registros Públicos de MINERÍA, a quien en adelante se denominará "El Empleador" y de la otra parte Don Fulano:

WANG SHUN
Pasaporte G12345
Especialidad ECONOMÍA INTERNACIONAL

de nacionalidad china, con domicilio en Lima, a quien en adelante se denominará "El Trabajador" en los términos y condiciones siguientes:

PRIMERO: DEL EMPLEADOR

"El Empleador" es una empresa que se dedica a la actividad económica descrita en la introducción de este documento y conforme al contrato suscrito con el Gobierno Peruano requiera desarrollar las acciones que permita la satisfacción de las inversiones previstas en dicho contrato para lo cual requiere de un: TÉCNICO PERSONAL.

SEGUNDO: DEL TRABAJADOR

"El trabajador" es y declara estar calificado para el puesto ofrecido.

TERCERO: DE LOS SERVICIOS

Por medio del presente "El Empleador" contrata los servicios del "Trabajador", teniendo en

cuenta (2) lo señalado en las cláusulas precedentes.

CUARTO: DE LA JORNADA

La jornada será de 48 horas semanales de acuerdo a los programas de trabajo y horarios de la Empresa.

QUINTO: DE LA REMUNERACIÓN TOTAL

El Empleador abonará al trabajador, en calidad de remuneración los conceptos siguientes:

Dineración (3): en dólares americanos

Haber mensual...........................000×12 =00000

Gratificaciones...........................2 al año =00000

Remuneración Total Anual (us $)　　　　　00000

Adicionalmente, el empleador podrá conceder premios considerando el rendimiento en el trabajo y la dedicación al mismo.

SEXTO: DEL RÉGIMEN LABORAL

"El Trabajador" se encuentra sujeto al Régimen Laboral de la Actividad Privada y le son aplicables los derechos y beneficios previstos en la misma.

SÉPTIMO: DEL PLAZO

El plazo de duración del presente Contrato es de un año prorrogable de conformidad con lo dispuesto por el Art. 5 del Derecho Legislativo No. 689 y del Art.11 del Reglamento respectivo, contados a partir de la fecha del inicio de la prestación del servicio, salvo la incursión en faltas laborales establecidas en las normas legales vigentes en el Perú o en el Régimen de la Empresa.

OCTAVO: DE LA BUENA FE

Laboral. El "Trabajador" se obliga por su parte en forma expresa a poner al servicio del Empleador toda su capacidad y lealtad.

NOVENO: EFECTO DE LA APROBACIÓN DEL CONTRATO

Se deja constancia que las partes son conscientes que la aprobación de la Autoridad Administrativa de Trabajo que recaiga en este contrato, no autoriza el inicio de la prestación de servicios, mientras que no se cuente con la calidad migratoria habitante, otorgada por la Autoridad Migratoria competente, bajo responsabilidad del "Empleador".

DÉCIMO: DE LA CAPACITACIÓN

Las partes asumen el compromiso de capacitar al personal nacional y lograr una transferencia de conocimientos que faciliten el desarrollo tecnológico y el incremento de los niveles de productividad.

DÉCIMO PRIMERO: DEL RETORNO

El Empleador se compromete a entregar los pasajes que correspondan al trabajador al producirse el cese. El costo será de cuenta del empleador, al término del contrato o al rescindirse éste antes de dicho plazo.

DÉCIMO SEGUNDO: DE LA TRIBUTACIÓN

En materia de obligaciones tributarias el trabajador queda claramente instruido que está sujeto a la legislación peruana. En consecuencia, deberá cumplir con dicha legislación (acatar dicha legislación, en España) y presentar su Declaración Jurada de impuestos a la Renta（4），así como cumplir con todas las demas obligaciones tributarias. El empleador se compromete a efectuar las retenciones (5) de Ley que correspondan.

Hecho y firmado en Lima a los 15 días del mes de octubre de 2010 en 3 ejemplares de un mismo tenor para constancia de las partes y de las Autoridades de Trabajo, a cuya aprobación será sometido.

firma   firma
EL TRABAJADOR   GEGENTE GENERAL

说明：
(1) RUC：REGISTRO ÚNICO CONTRIBUYENTE 统一税务登记号
(2) tener en cuenta：tener conocimiento 知道，清楚
(3) Dineración: Retribución / Se paga /Cobro / 工资支付
(4) Declaración Jurada de impuestos a la Renta：所得税如实申报表
(5) efectuar las retenciones：进行代扣

涉外劳务合同
（689法令及014-92TR最高法令）

兹证外籍人员定期劳务合同，由以下双方签订：

合同一方是科敏佩股份有限公司，税号：10012398；注册地址：利马市，圣·伊西德罗区阿维亚雄大道2581号；依例（根据规定）在矿业公共注册处注册，注册号为0156 - FICHA A - 55555。公司从事的经济活动是矿业开采，自1990年1月1日开始营业；法人代表x先生（以下简称业主），其身份证号码为L.E. 08261070，授权登记在"矿业—公司合同册"注册，注册号为160 FICHA 123。

合同另一方王顺先生(以下简称劳动者),护照号G12345;专业:国际金融;国籍:中国;现住址利马。

合同内容及条款如下:

第一条:业主
业主是从事合同序言所述经济活动的公司,根据与秘鲁政府所签合同内容,因开展该合同规定的投资工作,现需要一名技术人员。

第二条:劳动者
劳动者确认符合承担该职务的工作资格。

第三条:关于劳动服务
业主考虑到上述条款,以此合同雇佣"劳动者"劳动服务。

第四条:工作时间
遵照企业安排,每周工作48小时,实行企业作息时间。

第五条:酬金总额
业主向劳动者支付以下项目的酬金(美金支付):

月工资.....................000×12 = 00000

附加工资...................2/年 = 00000

酬金总额(us $)   00000

业主还将根据工作效果及其献身精神,额外发放奖金。

第六条:劳务体制
劳动者属私人劳务制范畴,享受该制度规定的权利和福利。

第七条:合同期限
本合同期限为一年,依据689法令第五条及该法实施细则第十一条,合同可以延长。自开始工作当日起记。工作失误、违反秘鲁现行法律和公司规章制度的情况除外。

第八条:善意(诚信)地工作
明确规定,劳动者一方必须对业主的工作尽心尽力,诚实守信。

第九条:合同审批生效
此证,双方均知悉本合同需经(国家)劳动行政管理部门批准,在不具备移民权威机构授予的移民身份前,不得开始工作。业主负责办理员工移民身份的手续。

第十条:关于培训工作
双方承诺对所属国人员进行培训,传授知识,以便开发技术,提高生产效率。

第十一条:返程费用
业主承诺,合同终止时,向劳动者提供机票。合同期满或期满前提前废止合同,返程费用由业主承担。

II 人事管理 ADMINISTRACIÓN PERSONAL

第十二条：税务问题

对税务义务的问题，劳动者已被明确告知，服从秘鲁法律规定。故必须履行法律规定并上报"所得税如实申报表"，履行所有其他税务义务。业主承诺代扣法律规定其应进行代扣的税款。

本合同签署时间：2011年10月15日。签署地点：利马。合同一式三份，双方各存证一份，劳务合同审批机构（劳工部）存档一份。

劳动者签字　　　　　　　　　　　　业主签字

1.14 外籍人员劳务延期合同 PRÓRROGA DE CONTRATO PARA EXTRANJEROS

PRÓRROGA DE CONTRATO DE TRABAJO EXTRANJERO
(D.L. No. 689 y D.S. No. 01492TR)

Conste por el presente documento la prórroga del Contrato de Trabajo de personal extranjero a plazo determinado que celebran de una parte la empresa COMINPE S.A. con RUC 10012398, con domicilio en Av. Aviación Nº 2581, San Isidro Lima, cuya constitución obra debidamente en ASIENTO 0156 FICHA 55555 del Registro Público de Minería, dedicada a la actividad económica de EXPLOTACIÓN MINERA, habiendo dado inicio a su actividad empresarial con fecha 1 de enero de 1990, debidamente representada por JUAN RAMÓN DOMÍNGUEZ, identificado con L.E. Nº 08261070, cuyo mandato se halla inscrito en el ASIENTO 160 FICHA 15355 del LIBRO SOCIEDADES CONTRACTUALES de los Registros Públicos de MINERIA, a quien en adelante se denominará "El Empleador" y de la otra parte Don(ña):

WANG SHUN
C.E. N-102109
Especialidad: ECONOMÍA INTERNACIONAL

de nacionalidad china, con domicilio en Lima, quien en adelante se denominará "El Trabajador" en los términos y condiciones siguientes:

PRIMERO:

Del Empleador. "El Empleador" es una empresa que se dedica a la actividad económica descrita en la introducción de este documento y conforme al contrato suscrito con el Gobierno

Peruano requiere desarrollar las acciones que permitan la satisfacción de la inversiones previstas en dicho contrato para lo cual requiere prorrogar el contrato del "Trabajador".

SEGUNDO:

Del Trabajador. "El Trabajador" tiene contrato de trabajo vigente desde el 15 de octubre de 2010, el mismo que fue aprobado el 15/oct/2010 con Registro 625-97.

TERCERO:

De los Servicios. Por medio del presente "El Empleador" prórroga por dos años (2) los servicios del "Trabajador", teniendo en cuenta lo señalado en las cláusulas precedentes y bajo las mismas condiciones establecidas en el contrato original, debiendo desempeñar el puesto de:

PRESIDENTE

Hecho y firmado en Lima el día 15 de octubre de 2011 en 3 ejemplares de un mismo tenor para constancia de las partes y de las Autoridades de Trabajo, a cuya aprobación será sometido.

Firma del Trabajdor　　　　　Firma del Empleador

涉外劳务延期合同参考译文

前言略译,参见工程合同参考译文。
合同另一方为:王顺　外国人居住证号码:N-102109
专业:国际经济　国籍:中国　居住地:利马
以下简称"劳动者"
合同条款如下:

第一条:

关于业主。"业主"是从事本文前言所述经济活动的公司,根据与秘鲁政府所签合同,需要开展该合同规定的投资工作,因此需延长"劳动者"的合同。

第二条:

关于劳动者。"劳动者"现行劳动合同从2010年10月15日始,同日批准生效,批文登记号为625-97。

第三条:

关于服务工作。"业主"通过本合同,根据上述条款,将"劳动者"的服务时间延长两年,适用原始合同条款条件,任职为:董事长。

　　合同于2011年10月11日签订。一式三份,双方各执一份,递交劳务审批机构(劳工部)一份,以便进行审批。

1.15 人事变动登记表 FORMATO MOVIMIENTO DE PERSONAL

<td colspan="9" align="center">**COMINPE S.A.**</td>
<td colspan="9">**MOVIMIENTO DE PERSONAL**</td>
<td colspan="2">INGRESO</td>	<td colspan="2">TRANSFERENCIA</td>	AUMENTO	<td colspan="2">AUSENCIAS</td>	<td colspan="2">OTROS</td>
<td colspan="2">CUBRE VACANTE AUMENTO FUERZA</td>	<td colspan="2"></td>	MÉRITO PROMO-CIÓN	<td colspan="2">VACACIONES ACCIDENTE PERMISO SUSPENSIÓN ENFERMEDAD INJUSTIFI-CADA</td>	<td colspan="2">AMONESTACIÓN CAMBIO TÍTULO LIQUIDACIÓN</td>
<td colspan="4" align="center">№ REGISTRO</td>	<td colspan="3" align="center">APELLIDO Y NOMBRES</td>	<td colspan="2" rowspan="2">FECHA_____</td>
<td colspan="4"></td>	<td colspan="3"></td>
ACTUAL	<td colspan="3">SEC: DPTO</td>	CC.	NUEVA	<td colspan="2">SEC: DPTO</td>	CC.
<td colspan="2">ACTUAL TÍTULO</td>	<td colspan="2">SALARIO</td>	<td colspan="2">NUEVO TÍTULO</td>	SALARIO	<td colspan="2">FECHA EFECTIV-IDAD</td>
<td colspan="2"></td>	<td colspan="2"></td>	<td colspan="2"></td>		<td colspan="2"></td>
<td colspan="4">FECHA DE INGRESO</td>	<td colspan="3">BONOS</td>	PERCIBE	PER-CIIRÁ
<td colspan="4">(SOLO PARA USO DE AUSENCIAS) DEL_____AL_____ (INCL) № DÍAS ____ PERÍODO 20_/_ SIN PAGO _____ CON PAGO</td>	<td colspan="3">SERVICIO CONTINUADO VIAJE REFRIGERIO</td>	<td colspan="2"></td>
<td colspan="9">MOTIVO U OBSERVACIONES:</td>
<td colspan="9">AUTORIZACIONES</td>
DPTO. MÉDICO	<td colspan="3">ACTUAL JEFE SECCIÓN</td>	<td colspan="2">NUEVO JEFE SEC-CIÓN</td>	GERENTE	<td colspan="2">SECCIÓN PERSONAL</td>
TRABAJADOR	<td colspan="3">ACTUAL JEFE DPTO.</td>	<td colspan="2">NUEVO JEFE DPTO.</td>		<td colspan="2">JEFE RR LL.</td>

表格说明：按字母顺序排列（NOTA DEL FORMATO: EN ORDEN ALFABÉTICO）

ACCIDENTE 事故	ENFERMEDAD 病	PERCIBE 享受
ACTUAL 现所在部门	FECHA DE INGRESO 入职日期	PERCIBIRÁ 将享受
ACTUAL JEFE DPTO. 现科长	FECHA EFECTIVIDAD 执行日期	PERÍODO 20＿/＿期限
ACTUAL JEFE SECCIÓN 现办公室主任	GERENTE 经理	PERMISO 请假
ACTUAL TÍTULO 现任职务	INGRESO 调入，入职	PROMOCIÓN 晋升
AMONESTACIÓN 警告	INJUSTIFICADA 无正当理由	REFRIGERIO 餐饮补贴
APELLIDO Y NOMBRES 姓名	JEFE RR. LL. 工业关系科科长	SALARIO 工资
AUMENTO 提升工资	LIQUIDACIÓN 离职结算	SEC:SECCIÓN PERSONAL 人事科
AUMENTO FUERZA 增加人员	MÉDICO 医生	SERVICIO CONTINUADO 连续工种
AUSENCIAS 缺勤	MÉRITO 业绩	SIN PAGO 不带薪
AUTORIZACIONES 审批	MOTIVO U OBSERVACIONES 原因或问题	SOLO PARA USO DE AUSENCIAS 仅供缺勤情况填写
BONOS 补贴	MOVIMIENTO DE PERSONAL 人事变动	SUSPENSIÓN 停职
CAMBIO TÍTULO 职务变动	NUEVO JEFE DPTO. 新科长	TRABAJADOR 职工
CC.CENTRO DE COSTO 成本中心	NUEVO JEFE SECCIÓN 新办公室主任	TRANSFERENCIA 调动
CON PAGO 带薪	NUEVO TÍTULO 新职务	VACACIONES 休假
CUBRE VACANTE 补空缺	№ DÍAS ＿ 天数	VIAJE 外出，出差
DEL＿AL＿(INCL) 从……到……（含）	№ REGISTRO 登记号	
DPTO. (DEPARTAMENTO) 科、处、部门		

2 离职 RETIRO DE LA EMPRESA

Para una empresa el movimiento y el despedido de personal es un fenómeno habitual. Dentro de los casos de despedida existen el de ser despedido el trabajador por la empresa así como el de renunciar al centro de trabajo el mismo trabajador. Su aviso, la solicitud, así como el procedimiento de su debida aprobación, hasta las posibles observaciones a reclamar, cada una de las partes necesitan formalizarse en documentos, los cuales se van a encontrar a continuación. Aunque puedan ver diferentes situaciones en la práctica, se facilitan su redacción tomándolos como modelo.

对一个企业来说，人员流动是常有的事，有时也会遇到离职的问题，下面就公司对员工进行辞退、员工自愿请辞、审批申请及审批程序中可能遇到异议等工作行文，进行介绍。工作实践中，行文内容可以根据具体情况自行编写，模式可以套用。

II 人事管理 ADMINISTRACIÓN PERSONAL

2.1 公司辞退人员函件 CARTA DE DESPEDIDA POR LA EMPRESA

Lima, 22 de enero de 2011

Señor
Fulano
Presente.

De nuestra consideración:

Por medio de la presente cumplimos con poner en su conocimiento, que la Empresa ha decidido dar por extinguido su contrato de trabajo, en tal virtud, su último día en planillas será el día 14 de los corrientes.

Atentamente,

_____Firma_____
Jefe de Dpto. RR.II.

说明：企业的工业关系部门隶属于人事部，本文是工业关系部门主管写给职工FULANO的辞退信，函件内容免去函件前的客套，直截了当进入正题。

参考译文：

尊敬的弗拉诺先生：

本函件通知您，公司决定结束与您的劳务合同，您的最后工作日为本月14日。

　　此致

敬礼

工业关系科科长签字
2011年1月22日

2.2 请辞函 CARTA DE RENUNCIA

Lima, 19 de diciembre de 2011

Señor
Fulano
Jefe dpto. Relaciones Industriales
Cominpe S.A.
<u>presente.</u>

Tengo a bien* dirigirme a Ud. con la finalidad de hacerle llegar por intermedio de la presente mi renuncia como servidor de la Empresa, de acuerdo a los dispositivos legales vigentes.

Al agradecer a Ud. se sirva exonerarme (免去) del plazo de Ley**, considerándome como último día de trabajo el sábado 19 de diciembre de 2011.

Por su intermedio deseo expresar a los trabajadores y a Cominpe S.A., mis mejores deseos de progreso.

Atentamente,

<u>Firma</u>
Juan Andújar
PAS. 3-5866
L.E. 085427

SELLO:***
CERTIFICO:
Que la firma que anteceda de
Don: <u>Juan Andújar</u>
identificado con L.E. No <u>085427</u>
es auténtica, la misma que le legalizo. Doy fe.
Lima, 19 de diciembre de 2011
firma
Juez Suplente Juzgado de Paz
Distrito Tacna

50

II 人事管理 ADMINISTRACIÓN PERSONAL

说明：
* "Tener a bien" es una fórmula de cortesía. 这是礼貌用语
  Suele decir: Tengo a bien（quisiera）；Tenga a bien（haga el favor; por favor）
** exonerarme del plazo de Ley，指提前一个月向业主提出申请的法律规定。
*** 地区代理法官签章证明笔者确属其人。实际上，不是所有的辞职函件都要经过公证，经法律公证的文件要引起重视，说明有进入起诉法律程序的可能。

参考译文：

科敏佩公司工业关系科科长，弗拉诺先生：
　　我作为公司工作人员，给您写此函的目的，是依据现行法律的规定，向您提出辞职申请。
　　在对您表示谢意的同时，请您免去法律对辞职规定的期限，确认我的最后一个工作日为2011年12月19日。
　　通过您，向科敏佩公司及所有的员工，表达我最美好的祝愿，祝愿员工进步，祝愿公司蒸蒸日上。
　　谨此。

印章： **兹证明** 以上胡安·安杜哈尔，（选举证号码为085427）的签字确属本人所签，对其签字我给予法律认证，特此证明。 　　　　　　　2011年12月19日 　　　　　塔克纳地区代理法官签字	胡安·安杜哈尔 工号3-5866 选举证号码 085427 2011年12月15日 于利马

Lima, 15 de Diciembre de 2011

CARTA DE RENUNCIA

Señor
Fulano
Jefe Dpto. Relaciones Industriales
Cominpe S.A.
<u>presente.</u>-

　　Por medio de la presente le comunico a Ud. mi formal renuncia irrevocable al puesto de supervisor general que vengo desempeñando como funcionario en el área de mantenimiento mecánico, departamento de minería.
　　Para el efecto pido la exoneración del plazo de ley(见上封信说明——编者), fijando como mi último día en planillas el 10 de abril de 2011, teniendo en cuenta mi permanencia de 10 años en plena identificación con mi empresa, así como con todo el personal que me dispensó(给予) su apoyo durante mi gestión, vaya para cada uno de ellos mi sincero agradecimiento por facilitar mi desarrollo profesional y hago votos por el progreso que esta empresa merece.
　　Con la seguridad de que la presente será de vuestra aceptación, reitero a Ud. mi especial consideración y estima personal.
　　Atentamente,

　　Firma del solicitado

参考译文：

辞职函

科敏佩公司工业关系科科长弗拉诺先生：
　　我是矿区机械维修部门的一名官员，长期担任总监的工作。现写此函通知您，我决定正式提出辞职申请。
　　为此，希望公司能考虑我在公司工作了10年的原因，能对我免除法律对辞职要求的期限，确认我的最后一个工作日为2011年4月10日。任职期间，我对公司、对所有在我的管理

Ⅱ 人事管理 ADMINISTRACIÓN PERSONAL

工作中给予帮助的人员,都给予了绝对的认同。在此,对公司为我的业务发展提供的便利表示诚挚的谢意,并祝愿公司大展宏图。

相信诸位一定能接受我的辞职,再一次向你们表示我对公司的特别认同,同时表示我个人的敬意。

谨此。

申请人签字
2011年12月15日

San Isidro, 16 de diciembre de 2011

SRS.
Cominpe S.A.C
Av. Aviación N° 2581
San Isidro
Lima

  Atención: Sr. Fulano
     Gerente General
  Estimados Señores:

  Por medio de la presente formulo mi renuncia al Cargo de Contador General que he venido desempeñando en la Empresa Cominpe S.A.C desde el 01 de marzo de 2008 hasta la actualidad.

  Los motivos que me llevan a tomar esta determinación son estrictamente personales, teniendo en consideración que mi Contrato de Trabajo tiene como fecha de vencimiento el 31 de diciembre de 2011. Agradeceré considerar dicha fecha como la de mi último día de labores, e indicarme sobre la persona a la que le debo hacer la entrega del cargo(职务), documentos y trabajos que actualmente estoy realizando.

  Así, también ordenar la preparación del cálculo de los Beneficios Sociales* y Períodos Vacacionales que por ley me correspondan.

  Valga la oportunidad (aprovechar la oportunidad ——编者)para expresarles mi sincero agradecimiento a todos los funcionarios y compañeros de trabajo que me brindaron todo su apoyo y colaboración para el desempeño de mi trabajo.

> Deseándoles que la Empresa siga logrando los éxitos y objetivos fijados.
>
> Atte,
>
> Paulo（Firma del renunciante 请辞人签字-编者）

说明：
* Beneficios Sociales 社会保险基金在离职时要进行结算。

参考译文：

尊敬的科敏佩公司总经理及各位先生：

我从2008年至今，一直担任公司总会计师工作，今致函请求辞去职务。

令我作出辞职决定的原因，纯属个人原因。我的劳动合同到2011年12月31日期满，即这一天应该是我的最后一个工作日，对此希望能够得到公司的确认。我的职务、文件及工作移交给谁，也请您一并告知。

另外，还请您安排结算我的社会福利清单，及计算我的法定休假时间。

本人在公司工作期间，各位领导和同事曾对我的工作给予了极大的支持与协作，今借此机会，表示最诚挚的谢意，祝公司完成既定目标，取得更大成绩。

谨此。

帕波罗

2.3 批准辞职 RENUNCIA APROBADA

COMINPE S.A.

MEMORANDUM CORRESPONDENCIA INTERNA

A	: Jefe dpto. Relaciones Industriales	FECHA:
DE	: Supte. Gral*. Minería	ARCHIVO Nº:
ASUNTO	: RENUNCIA DE PERSONAL	COPIA:
Nº	:	
REF.	:	

Con relación al documento adjunto, esta Superintendencia da su conformidad y acepta la renuncia del Sr. Andújar Luis PAS-5666, considerándolo como último día de trabajo el sábado 19 del mes en curso.

Atentamente,

___firma___
D. Zevallos F.

Aprob: _____   _____
Sub-gerente Producción   Gerente de producción

说明:
* Supte. Gral. Minería: Supte. General Minería 采矿总管

参考译文:

矿区总监致函工业关系科科长

附件文件所及事宜,本总监办公室同意接受路易斯·安杜哈尔(Luis Andújar 工号为 5666)的辞职申请,该员工应工作到本月19日(周六)。

谨此

D. Zevallos F.签字

批阅:生产部副经理   生产部经理

2.4 人事部门通知 AVISO DEL ÁREA DE PERSONAL AL ÁREA DEL CAMPO

COMINPE S.A.
MEMORANDUM CORRESPONDENCIA INTERNA

A	: <u>Fulano</u> Supte. gral. Minería	**FECHA**:	
DE	: <u>Mengano</u> Jefe Adm. de Personal	**ARCHIVO №**:	
ASUNTO	: LIQUIDACIÓN FUNCIONARIO ANDÚJAR LUIS C. 3-5866	**COPIA**:	
№	:		
REF.	:		

Comunicamos a Ud. que el servidor del rubro（指事由中提到的人员——编者）ha presentado su carta de Renuncia Voluntaria; en consecuencia, se le deberá considerar como último día en Planillas el 19 de diciembre de 2011.

Adjunto estamos remitiendo las Boletas de Movimiento de Personal（人事变动表见本章第10节——编者）y Trámite de Liquidación（工资社会福利结算表——编者）, las mismas que deberán ser devueltas con las firmas correspondientes en la mayor brevedad.

Atentamente

<u>firma</u>
JEFE ADM. DE PERSONAL

II 人事管理 ADMINISTRACIÓN PERSONAL

参考译文：

致：采矿主管弗拉诺
自：人事科科长门加诺
事由：路易斯·安杜哈尔，工号3-5866官员的结算

现通知您，标题中提到的员工（路易斯·安杜哈尔，工号3-5866）主动提出离职，故该员工工资计算到2011年12月19日。

同时随文件我们还附上了人事变动表和工资结算手续表，上述两张表格，请签批后尽快返回我部门。

谨此。

2.5 辞职书的异议 OBSERVACIONES SOBRE LA RENUNCIA

COMINPE S.A.

MEMORANDUM CORRESPONDENCIA INTERNA

Lima, 7 de marzo de 2011

Señor:
Mengano
Presente-.

De nuestra consideración:

　　Acusamos recibo de su atenta (carta 信——编者) de 4 de Marzo de 2011, mediante la cual renuncia de forma irrevocable al cargo de Analista Mayor que viene desempeñando, solicitando se le considere como último día de trabajo el 15 del actual.

　　En respuesta a la misma, debemos comunicarle que lamentamos mucho su decisión, puesto que aún es nuestro deseo que continúe Ud. su trabajo que se desarrolla con satisfacción en la Empresa,.

　　Sin embargo, aceptamos su renuncia, pero cabe indicar que debe Ud. desarrollar sus labores hasta el 3 de Abril de 2011, fecha en que vence el plazo de ley.*

　　Atentamente,

　　　　Fulano
　　Jefe Dpto. RRII.

说明：
*fecha en que vence el plazo de ley：法律规定提前一个月递交辞职申请。

参考译文：

工业关系科科长弗拉诺，3月7日回函给请辞的门加诺先生

尊敬的先生：

收悉您3月4日的来函，得知您以不可改变的方式，申请辞去现任的主任分析员一职，并提出申请工作到本月15日。

现通过本回函告知您，对您的辞职决定我们深表遗憾，因为公司很满意您的工作，我们希望您能够留任。

尽管如此，我们还是接受了您的辞职申请。但应向您说明的是，依法律规定的时间，您应工作到2011年4月3日。

此致

工业关系科科长弗拉诺手签

3 业绩评估 EVALUACIÓN DEL DESEMPEÑO

La evaluación de empeño es una especie de trabajos administrativos convencionales del departamento de personal dentro de una empresa, con la finalidad de estimular la iniciativa de los trabajadores. Los documentos que a continuación se muestran, corresponden a este tipo de trabajo compuestos por la Disposición de este trabajo por el Gerente General, así como la del gerente de administración, Documento a un gerente de área, hasta el mismo cuadro de evaluación con su explicación en idioma chino.

Cabe mencionar que entre los trabajadores existen acusadas diferencias de posición entre funcionario, empleado y obrero debido al diferente sistema social. En el caso de tratar todos los que trabajan en la empresa se usa la palabra ¨trabajadores¨o¨todo el personal¨, No se puede decir sólo ¨empleados y obreros¨, ya que no está incluyendo a los funcionarios. De modo que se circulan respectivamente diferentes documentos en la disposición de evaluación.

为了调动员工的积极性，企业人事管理工作中，对员工的业绩进行评估，就成为了企业的一类常规工作，下面介绍了企业一般性的业绩评估工作的安排：包括经理办、行政经理下达评估指令的安排、写给下属部门的文件及评估具体条款、业绩的优良等级标准等西文行文及其参考译文。

II 人事管理 ADMINISTRACIÓN PERSONAL

值得注意的是,由于社会制度的不同,资本主义体制企业中所说的官员、职员和工人,内涵是有本质区分的。如果指全体员工,要用 Trabajadores 或 todo el personal; 如果用 empleado 和 obrero,则分别指职员和工人,而不含官员。所以在评估工作下达指令的时候,也会根据不同的评估对象,分别下发不同的文件。

3.1 总经理安排官员评估工作 DISPOSICIÓN DEL GERENTE GENERAL

COMINPE S.A.
MEMORANDUM CORRESPONDENCIA INTERNA

A : GERENTES DE ÁREA		FECHA :
DE : _____		ARCHIVO №:
GERENTE GENERAL		
ASUNTO : EVALUACIÓN DESEMPEÑO DE		COPIA :
FUNCIONARIOS		
№ :		

Corresponde efectuar la Evaluación del desempeño de los funcionarios, período Abril — Agosto 2009.

Es necesario que esta acción sea realizada con la mayor objetividad, tal que se refleje en la actuación de cada Funcionario, en mayor productividad y menores costos, en ese sentido, sírvase instruir a los evaluadores (Jefes de Sección y niveles supervisores).

Las Hojas de Evaluación, ratificadas por cada Gerente de Área, deberán ser devueltas a la Gerencia de Administración, a más tardar el día 11 del presente mes.

Atentamente,
<u>nombre y firma</u>
Gerente general

FMP/sc

参考译文：

总经理下发部门经理文件
事由：官员评估

　　本文所指是2009年4—8月份的干部评估事宜。评估必须要有针对性，即需要针对每位官员的表现，请向评估人(科长或监工级别的官员)对这一点进行说明。评估表格经部门经理审批后，请送还人事经理办公室，最迟上交日期为本月11日。
　　谨此。

总经理签字

3.2 行政经理安排工人评估 CIRCULAR DEL GERENTE DE ADMINISTRACIÓN

COMINPE S.A.
MEMORANDUM CORRESPONDENCIA INTERNA

A	: DISTRIBUCIÓN GERENCIAS	FECHA：
DE	:　　Fulano　　 GERENTE DE ADMINISTRACIÓN	ARCHIVO №：
ASUNTO	: **EVALUACIÓN DESEMPEÑO PERSONAL DE OBREROS**	COPIA：
№	:	

Adjunto remitimos las hojas de Evaluación del Desempeño para el personal de Obreros.

Para una mayor consistencia del Sistema de Evaluación, es necesario instruir a la Supervisión (que) efectúe una calificación objetiva de su personal en el desempeño individual registrado en el período de Enero — Diciembre de 2009. Asimismo, se requiere del llenado de la información solicitada al dorso de las hojas.

Efectuada la calificación, debidamente aprobadas por el Gerente de Área respectivo, las hojas deberán ser devueltas al Dpto. de Planeamiento de Recursos Humanos y Remuneraciones, a más tardar el sábado 23 de enero del presente año.

II 人事管理 ADMINISTRACIÓN PERSONAL

> Atentamente,
>
> <u>nombre y firma</u>
> Gerente de Administración
>
> FMP/sc
>
> DISTRIBUCIÓN: GERENCIAS

参考译文：

行政部经理下发各经理部
事由：工人工作评估事宜，现下发工人工作评估文件。
　　为了高度重视评估工作，必须要求监管部门对下属人员工作表现进行客观评估，被评估期限为2009年1—12月，同时还要根据要求填写所需信息（见文件背面）。
　　评估完毕，依例需各部门经理签批，随后将评估结果送还人力资源计划及工资科，上交最后日期为1月23日。
　　谨此。

行政经理签字

文件下发部门：各经理部

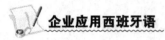

3.3 安排部门经理进行工作评估 DOCUMENTO A UN GERENTE DE ÁREA

COMINPE S.A.
MEMORANDUM CORRESPONDENCIA INTERNA

A	: Gerente de Producción	FECHA :	
DE	: Gerente General Adjunto	ARCHIVO №:	
ASUNTO	: EVALUACIÓN DE DESEMPEÑO	COPIA :	
№	:		

Se ha dispuesto (que) se proceda a la evaluación de los funcionarios por el período Abril/Agosto, y para tal efecto se ha alcanzado a los señores Sub-Gerentes las hojas de Evaluación correspondientes a su Área, las mismas que deberán ser ratificadas por usted en su calidad de Gerente de Producción y Gerente Técnico.

Adicionalmente, adjunto sírvase encontrar la Hoja de Evaluación de los Ings. Fulano y Mengano, a fin de que proceda usted a sus evaluaciones correspondientes, solicitándole se sirva devolverlas a esta oficina en un período no mayor del 13 de los corrientes.

Atentamente,

nombre y firma
Gerente General Adjunto

FMP/sc

参考译文：

助理总经理致生产部经理

事由：工作评估

  现准备对4—8月份的官员工作进行评估（考核），为此，贵部门官员的考核表已发至部门副经理手中。您作为生产部和技术部经理，这些评估表应由您进行审定。

  另附张三和李四的评估表请您给予考核，最迟于本月13日上交本办公室。

  此致。

II 人事管理 ADMINISTRACIÓN PERSONAL

3.4 评估表制作 CUADRO DE EVALUACIÓN

CÓDIGO:_____   RESULTADO_____

NOMBRE: FICHA No.   TÍTULO DEL PUESTO
_____

CALIFICACIONES: Usando las calificaciones que se definen a continuación, marque con una (X) en el recuadro correspondiente.

1. DEFICIENTE	2. BAJO PROMEDIO	3. PROMEDIO	4. SOBRE PROMEDIO	5. EXCELENTE
Desempeño por debajo del nivel mínimo requerido. Capacidad para este puesto inadecuada.	Desempeño generalmente inferior a lo normalmente esperado para este puesto. Requiere mejorar en uno o más aspectos del trabajo.	Desempeño eficiente normalmente esperado. Cumple constantemente los requisitos del puesto típico de la mayoría.	Desempeño muy eficientemente mejor que el esperado. Excede las obligaciones del puesto.	Desempeño sobresaliente y excepcional. Difícilmente igualable.

                    FACTORES   CALIFICACIONES
_____

1. CALIDAD DE TRABAJO:
   Evalúa exactitud, frecuencia de error, orden y esmero que caracteriza el servicio del trabajador.
2. COSTOS:
   Logro de economías y reducciones de costos en el empleo de los recursos y grado de contribución para obtener ahorros.
3. CANTIDAD DE TRABAJO:
   Evalúa el volumen de trabajo realizado, de acuerdo a las exigencias del puesto.
4. CONOCIMIENTOS TÉCNICOS Y PROFESIONALES:
   Grado de aplicación de conocimientos técnicos y/o profesionales en su trabajo.

5. **RESPONSABILIDAD Y ACTITUD:**
   Cumplimiento del trabajo en los plazos estipulados y grado de identificación con la Empresa y con su grupo de trabajo.
6. **CUMPLIMIENTO DE ÓRDENES:**
   Grado de cumplimiento de las instrucciones recibidas.
7. **INICIATIVA:**
   Disposición del trabajador para idear, crear y/o mejorar métodos de trabajo.

	1	2	3	4	5
1					
2					
3					
4					
5					
6					
7					

ANEXOS: 附
DESCRIPCIÓN DE ACCIONES DESTACABLES DEL EVALUADO；
SUGERENCIAS PRESENTADAS POR EL EVALUADO；
MONTO ESTIMADO ANUAL DE BENEFICIOS ORIGINADOS POR ACCIONES Y/O SUGERENCIAS

评估表格参考译文：

序号：_____   评估结果_____
姓名：   工号No.   职务（名称）

评估方法：在相应的方格中画×即可。

1.差(劣)	2.中下(差)	3.中等(中)	4.中上(良)	5.优等(优)
不能完成工作的最低要求，不称职。	总结工作表现不如预期，需要在某方面或多方面改进工作。	完成预期工作，工作有效率，多数情况下能履行本职工作要求。	工作效率高，高于一般员工，能完成岗位份外工作。	工作表现突出，超出常人，与众不同。

　　　　　　　评估内容　　　　　　　　　评估打分

1. 工作质量：
   评估员工工作的准确度，出错频率，工作有序和细心程度。
2. 对成本的贡献：
   经济效益情况，资源利用方面降低成本的情况，及节约资金提供贡献的程度。

II 人事管理 ADMINISTRACIÓN PERSONAL

3. 工作量：
依据岗位职责，评估员工完成工作量的情况。
4. 专业技术知识：
工作中专业技术知识的应用程度。
5. 工作责任心：
是否如期完成工作，对公司和工作团队的认同程度。
6. 完成指令：
完成指令工作的程度。
7. 工作积极性：
员工的工作创新情况，和/或改善工作方法的情况、成绩。

	1	2	3	4	5
1					
2					
3					
4					
5					
6					
7					

请附上：叙述被评估人的突出表现；
被评估人提出的（合理化）建议；
其行为和/或建议取得的大约经济效益的全额。

4 晋升 PROMOCIÓN DEL PERSONAL

El gerente del área tiene que solicitar a la Oficina de categoría más superior que la propia cuando necesite promover su personal por sus logros profesionales en la empresa o por otras razones diferentes. Va a encontrar el Documento de la solicitud, así como el de su aprobación, los cuales sirven de referencia en situaciones similares.

部门经理对本部门表现突出人员，或由于其他原因，需要晋升本单位人员，应向上级部门提出申请。该申请及上级部门同意予以晋升的回文，是本章节的两个实例文件，类似文件，可参照起草。

4.1 晋升申请 SOLICITUD DE PROMOCIÓN

COMINPE S.A.
MEMORANDUM CORRESPONDENCIA INTERNA

A :	_____Ismael_____	FECHA:
	Gerente de Producción	
DE :	_____Orlando_____	ARCHIVO №:
	Sub Gerente Producción	
ASUNTO :	PROMOCIÓN DE FUNCIONARIO	COPIA:
№	:	
REF.	: CONFIDENCIAL	

Conforme (con lo que) se señala en los documentos de la referencia – cuyas copias se adjuntan, se ha venido solicitando la promoción del Ing. Fulano (PAS-5491), debido a que las funciones que viene desempeñando dicho Funcionario corresponden a un nivel de mayor categoría.

Debido al tiempo transcurrido y teniendo en cuenta los aspectos señalados, se reitera la nivelación y el nombramiento oficial del Ing. Fulano en la jefatura de Planeamiento de Producción.
Su atención será apreciada.

Atentamente,

_____nombre y firma_____
Sub Gerente de Producción.

FMP/sc

参考译文：

生产部副经理致函生产部经理
事由:官员晋升
　　根据文件规定(文件复印件附后)，我们一直在申请对弗拉诺先生(工号 PAS-5491)的晋

II 人事管理 ADMINISTRACIÓN PERSONAL

升,理由是该官员一直从事的实际是高一级官员的工作。

随着时间的推移,考虑到上述问题,现重申调整(该官员)职务、对弗拉诺先生的生产计划科科长职务给予正式任命。

感谢关照。此致。

生产部副经理签字

4.2 同意晋升 APROBACIÓN DE PROMOCIÓN DEL PERSONAL

COMINPE S.A.
MEMORANDUM CORRESPONDENCIA INTERNA

A : __Perensejo__	**FECHA**:	
Superintendente general de la Planta		
DE : __Fulano__	**ARCHIVO N⁰**:	
Jefe de Administración de Personal		
ASUNTO : PROMOCIÓN A EMPLEADO ZUTANO	**COPIA**:	
N⁰ :		

Informa a Ud. que el servidor del rubro, será promovido a Empleado a partir de 01 de junio 2011; en consecuencia, se le deberá considerar como último día en condición de Obrero el 31 de Mayo del año en curso.

Las boletas que adjuntamos deberán ser devueltas con las firmas correspondientes, debiéndosele informar al indicado servidor, a fin de que se acerque a nuestras oficinas a efectuar los trámites respectivos.

Atentamente,

    __Fulano__   V⁰B⁰*   __Mengano__
Jefe de Administración de Personal   Gerente Administración

ABC/vta

说明：

*V°B° (VISTO BUENO) 同意，阅

参考译文：

人事科科长弗拉诺，经行政处处长门加诺审批后，通知车间主管佩雷塞霍
事由：苏塔诺先生晋升为职员

　　兹通知事由所提及员工，自2010年6月1日起被晋升为职员。作为工人身份的工作截止到本年度5月31日。

　　晋升报表签字后，请附上工资单一并返回(本办公室)，并通知该员工到本办公室办理相应手续。此致。

5 任命 NOMBRAMIENTO DE PERSONAL

　　Avisos de cargos directivos se denomina de manera diferente dependiendo de la índole del cargo; por decir, para asignar un cargo a una persona se llama "nombramiento"; un cargo con(e) quiere decir que es encargado, a diferencia de nombrado; y "reemplazo temporal", se refiere al cargo que ni siquiera es encargado, sino que se responzabiliza temporalmente del trabajo de ese cargo. Casos que se vienen mostrando con ejemplos prácticos.

　　西班牙文对领导职务的任命，根据任命性质不同，用词也不同。比如，正式职务的任命，用NOMBRAMIENTO；代理职务的任命用ENCARGADO；临时代理用REEMPLAZO TEMPORAL。下面用实例进行说明。

II 人事管理 ADMINISTRACIÓN PERSONAL

5.1 职务任命通知 DOCUMENTO DE NOMBRAMIENTO A UN TITULAR

COMINPE S.A.
MEMORANDUM CORRESPONDENCIA INTERNA

A   : Distribución A y B   **FECHA**:
DE   : ___Pablo___   **ARCHIVO Nº**:
              Gerente General
ASUNTO   : NOMBRAMIENTO DE PERSONAL   **COPIA**:
Nº   :

Se hace de conocimiento el nombramiento de los siguientes funcionarios, a partir de la fecha:
- López Julio   Gerente de Materiales
- Ramírez Miguel   Jefe Dpto. Comercialización

Agradeceré las facilidades que se brinde a los mencionados funcionarios, para el mejor desempeño de sus nuevas responsabilidades y funciones.

Atentamente,

___Pablo___
Gerente General

BPA/acb

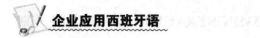

参考译文:

总经理下发A、B级官员文件
事由:组织机构——任命通知
　　现通知以下官员的履新任命,任职自今日生效:
　　　　罗贝斯·胡里奥　物资部经理
　　　　拉米雷斯·米盖尔　销售部经理
为了他们更好地履行职责,望大家支持他们的工作(对他们提供便利)。谢谢。
谨此。

总经理帕波罗签字

COMINPE S.A.
MEMORANDUM CORRESPONDENCIA INTERNA

A	: Distribución(见文件结尾——编者)	FECHA:
DE	: Zutano	ARCHIVO No:
	Presidente del Directorio	
ASUNTO	: NOMBRAMIENTO DE FUNCIONARIO	COPIA:
No	:	

Por el presente documento, se comunica a las personas mencionadas en la Distribución, que alrededor del día 20 de los corrientes, arribarán a Lima dos (02) nuevos ejecutivos de COMINPE S.A.,
　　　　SEÑORES: Wang Shan y Li Shun.

El señor Wang Shan se desempeñará como Vicepresidente Ejecutivo* de la Empresa. El señor Li Shun será miembro del Directorio y asumirá el cargo de Sub-Gerente General.

II 人事管理 ADMINISTRACIÓN PERSONAL

> Agradeceré de manera especial, les brinden, de manera permanente, toda clase de apoyo y facilidades, para la optimización de sus funciones y gestión.
>
> Atentamente,
>
> _____Firma_____
> Presidente del Directorio
>
> Distribución: Fulano, Mengano

说明：
* Vicepresidente Ejecutivo：指执行副董事长，领导职务冠之"执行"说明是主持工作的领导。董事长的职务虽然比他高，但也许做名誉董事长，也许退位为顾问等。

参考译文：

董事长苏塔诺先生发文给弗拉诺和门加诺二位先生
事由：任命官员

　　现告知被通知人员，本月20日左右将有两位科敏佩公司新领导到达利马：王杉先生和李顺先生。王杉先生将出任公司执行副董事长；李顺先生作为董事，将承担副总经理的职务。望各位始终如一地支持他们的工作并提供各种便利，使新领导能更好地发挥其职能和管理的作用。特表谢意。谨此。

董事长签字

文件分发范围：弗拉诺、门加诺

5.2 代理职务通知 AVISO DE UN ENCARGADO

COMINPE S. A.
MEMORANDUM CORRESPONDENCIA INTERNA

A :	DISTRIBUCIÓN "A" Y "B"	FECHA：
DE :	Antonio	ARCHIVO №：
	Gerente General	
ASUNTO :	ENCARGADO* DE LA JEFATURA DE ASESORÍA JURIDÍCA	COPIA：
REF. :		
№ :		

Habiendo renunciado el Dr.** Ángel Gómez, Sub-Jefe*** de Asesoría Jurídica, el señor Carlos López, se hará cargo de la Jefatura de dicha área.

Agradeceré las facilidades que se brinde al mencionado funcionario para el mejor desempeño de sus nuevas responsabilidades.

Atentamente,

   Antonio
Gerente General

CAB/em

说明：

* ENCARGADO 代理；
** Dr. Doctor；
*** Sub-Jefe 翻译为副科长还是办公室副主任，取决于企业组织结构的名称。

II 人事管理 ADMINISTRACIÓN PERSONAL

> 参考译文:

总经理安东尼奥下发A、B级官员

　　由于安赫尔·高梅斯先生辞职，原法律顾问科副科长(法律顾问办公室副主任)卡洛斯·洛佩兹将代理科长(主任)职务。

　　为了使卡洛斯·洛佩兹能更好地履行职责，请各位给予关照，谢谢。

　　谨此。

总经理安东尼奥签字

例2 CUERPO DEL DOCUMENTO 文件正文内容

　　Se hace de conocimiento que en adición a sus funciones a partir del 17 de mayo de 2011, el ing.(ingeniero) César Ragúz Pozo queda temporalmente encargado del puesto de JEFE DEL DEPARTAMENTO DE SEGURIDAD.

　　Agradeceré las facilidades que se brinde al mencionado Funcionario, para el mejor desempeño de sus nuevas responsabilidades.

　　Atentamente,

> 参考译文:

　　现通知，自2011年5月17日起，塞萨尔·拉古斯工程师在原工作基础上，临时负责安全科科长的工作。感谢大家对其工作提供便利，使其更好地履任新职。谨此。

例3 CUERPO DEL DOCUMENTO 文件正文内容

　　A partir del 1º de febrero 2011, el Señor Jaime Orlando en adición a sus funciones, ha quedado encargado de las actividades de Presupuesto, Costos y Planeamiento Financiero.

　　Cualquier asunto relacionado a la política de la empresa, deberá ser coordinado con el suscrito.(本人)

　　Agradezco las facilidades que se brinde al Sr. Jaime Orlando, en el desempeño de las responsabilidades encomendadas.

　　Atentamente,

参考译文:

现通知,自2011年2月1日起,哈伊梅·奥尔兰多先生在原工作基础上,临时负责财务(预算、成本及计划)科科长的工作。

有关公司政策性的问题,请与本人联系。

感谢大家为他更好地履职提供便利。谨此。

5.3 暂时代职通知 AVISO DE UN REEMPLAZO TEMPORAL

 COMINPE S.A.

MEMORANDUM CORRESPONDENCIA INTERNA

A : Distribución	**FECHA**:	
DE : Mengano Gerente Técnico	**ARCHIVO Nº**:	
ASUNTO : REEMPLAZO TEMPORAL	**COPIA**:	
Nº :		
REF. :		

Durante la ausencia del suscrito (本人) a partir del 12 al 17 de los corrientes, el Ing. Juan Chávez, en adición a sus funciones asumirá la responsabilidad de la Gerencia Técnica.

Agradeceré el apoyo y la colaboración que se le brinde, para el mejor cumplimiento de las responsabilidades encomendadas.

Atentamente,

 Mengano
Gerente Técnico

FMP/sc

Distribución: Gerencias

II 人事管理 ADMINISTRACIÓN PERSONAL

技术部经理分发各经理部文件

事由:临时代理

　　本月12日—17日,本人将因故不在岗位,期间查韦斯先生,在原工作基础上,承担技术部工作。

　　为了查韦斯先生更好地履行职责,请大家予以支持和协作,谢谢。

技术部经理门加诺

下发各经理办公室

```
                        COMINPE S.A.
              MEMORANDUM  CORRESPONDENCIA  INTERNA
```

A	: Distribución	**FECHA**:
DE	: MENGANO	**ARCHIVO No**:
	Sub-Gerente Técnico	
ASUNTO	: REEMPLAZO TEMPORAL	**COPIA**:
No	:	

Durante las vacaciones del Ingeniero PERENGANO, del 16 al 30 de enero, los Ingenieros A y B en adición a sus funciones, coordinarán las actividades de la Superintendencia de control de Calidad: El Ingeniero FULANO en el área de la Mina y el Ingeniero ZUTANO en el área de la Planta de Beneficio.

Agradeceré el apoyo y colaboración que se brinde a los mencionados funcionarios, para el mejor desempeño de sus funciones.

Cualquier asunto de la política a seguir, deberá ser referida a la Sub-Gerencia Técnica.

```
                    Atentamente,


                                        Aprobado:  PERENSEJO  
         MENGANO                                   Gerencia Técnica
       Sub-Gerente Técnico

       FMP/sc

       Distribución: Gerentes
```

参考译文：

技术部副经理经该部门经理签阅后分发各部门经理
事由：暂时代职

  1月16—30日，佩雷加诺先生休假，其间，其工作由弗拉诺及苏塔诺两位工程师，在原岗位基础上，临时代理：弗拉诺代理其采矿部门工作；苏塔诺代理其选矿部门工作。
  为了能更好地完成工作，请各位给予支持和协作。谢谢。
  其中政策性问题，要执行技术部现有政策。

5.4 职务互换通知 AVISO DE ROTACIÓN DE TRABAJO

```
                              COMINPE S.A.
                    MEMORANDUM  CORRESPONDENCIA  INTERNA

     A       :         Fulano                     FECHA:
                 Gerente de Administración

     DE      :         Mengano                    ARCHIVO N°:
                 Superintendente General Mina

     ASUNTO  : Rotación supervisores PAS（官员—编者）   COPIA:

     N°      :
```

II 人事管理 ADMINISTRACIÓN PERSONAL

Esta Superintendencia General de Minería, con el fin de reforzar la Administración y la formación de nuestros supervisores PAS, en el Área de Mantenimiento Mecánico, solicitamos su aprobación para la siguiente ROTACIÓN:

- El Ing. Orrego Luis, Supervisor Gral. de Mant. Mecánico de Palas y Perforadoras, pasará a la Supervisión Gral. de Mant. Mecánico Conveyor.
- El Ing. Gálvez Manuel, Supervisor Gral. de Mant. Mecánico del Conveyor, pasará a la Supervisión de Mant. Mecánico de Palas y Perforadoras.

Con esta rotación se espera mejorar la Supervisión General en ambas secciones del Área Mina.

Atentamente,

<u>MENGANO</u>　　　　V°B°　　　　<u>ZUTANO</u>
Supte. Gral. Mina　　　　　　　　Gerente de Producción

FMP/sc

参考译文：

采矿总管门加诺，经生产部经理苏塔诺签批后，就官员换岗一事，报请行政部经理弗拉诺批准。

　　为加强维修部门的管理，强化我主管部门的高级官员的结构，拟对下列官员进行换岗使用，恳请行政部批准为盼：

　　路易斯，原电铲和钻机机械维修总监，任皮带机机械维修总监

　　马努埃尔，原皮带机机械维修总监，任电铲和钻机机械维修总监

　　换岗后的理想是改进采矿这两个总监部门的工作。谨此。

6 违纪处分 SANCIONES POR INCUMPLIMIENTO DE DISCIPLINA

Sin ninguna excepción, igual que toda entidad, una empresa tiene su disciplina, la cual de vez en cuando se debe recordan. En caso de incumplirla se cae en sanciones (Llamar atención, Amonestación, Suspensión y Despido, etc.) de acuerdo con el nivel de gravedad del error cometido, así como del daño que hace sufrir a la empresa. Siendo sancionado, es posible también que a su vez el trabajador tenga algo que aclarar, ejemplos prácticos que se dan en este capítulo para su referencia.

无一例外,所有单位都一样,企业有自己的纪律,对纪律会经常重申;如有违规,会根据错误的严重程度或对公司造成损害的大小,进行不同的纪律处分(口头批评、警告、停职、开除等);同时被处分人也有可能需要进行申诉,等等。本章节对此给出了实例,仅供参考。

6.1 重申纪律 REITERACIÓN DE LA DISCIPLINA

MEMORÁNDUM CORRESPONDENCIA INTERNA

A : Distribución A * Gerentes/ Jefes Depto.	**FECHA**:	
DE : ___López___ Jefe Dpto. de Recursos Humanos	**ARCHIVO №**:	
ASUNTO : CUMPLIMIENTO DE OBLIGACIONES	**COPIA**:	
№ :		
REF. :		

De acuerdo a lo dispuesto por la Gerencia General y habiéndose observado que parte de los trabajadores no están cumpliendo adecuadamente sus obligaciones laborales o dedicándose a actividades no relacionadas con la empresa (aplicación de maquillaje), uso indebido del tiempo (llamadas telefónicas personales prolongadas o frecuentes), desatención de sus labores en horas de trabajo (compras o gestiones personales), incurrir en tardanzas reiteradas entre otras faltas calificadas en el Reglamento Interno de Trabajo.

II 人事管理 ADMINISTRACIÓN PERSONAL

Por medio de la presente les solicitamos instruyan al personal de su área para que mejore el cumplimiento de sus obligaciones y la dedicación a sus trabajos habituales. Para ese efecto se ha designado un comité que observará los actos o conductas indebidas en los siguientes 3 meses y se aplicarán las sanciones previstas en el reglamento, (amonestación 警告, suspensión 停职, y despido 开除).

Por lo cual, deberán asegurarse de que todo el personal de su área conozca la presente disposición de la Gerencia General, cumpla con diligencia sus obligaciones de trabajo y no incurra en las faltas señaladas.

Atentamente,

<u>López</u>
Jefe Dpto. de Recursos Humanos

说明：
* Distribución A /Gerentes/ Jefes Depto.
文件下发范围：A级官员/各经理部/各科室领导

参考译文：

人力资源部部长,下发公司A级官员、各经理部及科室负责人文件
文件主题：恪尽职守

　　根据总经理的要求,经查,发现部分员工未能履行劳动职责,有的员工上班做与公司无关的事情(比如有人化妆),有人没有合理利用工作时间(比如经常或长时间拨打私人电话),有人工作时间不集中精力工作(比如张罗或采购私人物品),有人多次迟到,等等,做违反公司内部规章制度的事情。

　　现下达本文件,要求教育本部门人员,工作专心,更好地完成日常工作。为推进本项工作(严肃纪律),现已成立一个委员会,在今后的三个月内,该委员会将负责检查违规违纪行为。违者,将受到处分处理(警告、停职及开除职务)。

　　为此,要确保本部门全体人员了解总经理办公室的这一安排,要恪尽职守,避免错误发生。

人力资源部部长洛佩斯

6.2 处分通知 AVISO DE SANCIONES

例1

 COMINPE S.A.
MEMORANDUM CORRESPONDENCIA INTERNA

A	: JEFE DPTO. DE ING.	**FECHA:**	
DE	: Gerente. de Ing.	**ARCHIVO Nº:**	
ASUNTO	: SANCIONES A PERSONAL	**COPIA:**	
Nº	:		
REF.	: CONFIDENCIAL		

De nuestra consideración:

La presente tiene por objeto amonestarlo, en razón que no coordinó con el suscrito las sanciones impuestas a los camioneros Mario y Jorge, referidas al accidente de trabajo ocurrido el 21.03.2011 en la Mina; es más, las suspensiones fueron comunicadas a dichos empleados, sin que esta Sub-Gerencia haya firmado las Boletas correspondientes.

Mucho apreciamos que casos como éste no se repitan, más aún, si tenemos en cuenta el alto costo de reparación de nuestros equipos.

Atentamente,

FULANO
Gerente. de Ing.

FMP/sc

II 人事管理 ADMINISTRACIÓN PERSONAL

就人员处分问题，工程部经理写给工程办公室主任的保密文件

　　本文件目的是为了对你进行问责。原因是：马里奥和乔治——两名卡车司机，2010年3月21日在矿区发生的事故，你未通过我，便私自对其进行了停工处分的处理，处分已经通知了本人，但我副经理办并未在相关文件上进行签批。

　　我们希望不要再发生类似情况，尤其要考虑到设备维修的昂贵成本。

　　此致。

例2

COMINPE S.A.
MEMORANDUM CORRESPONDENCIA INTERNA

A	: Zutano	FECHA :
DE	: Perengano Superintendente de Operaciones	ARCHIVO N°:
ASUNTO	: FALTA LABORAL	COPIA :
N°	:	
REF.	:	

Por la presente, hago de su conocimiento que esta Superintendencia considera una falta laboral de su parte por haber abandonado su Área de trabajo el día 13 del presente desde las 10:20 a 11:20 Hrs. aproximadamente, para asistir a la Ceremonia de Inauguración de la Caldera de la Planta Térmica sin haber sido oficialmente invitado, y sin ni siquiera haber solicitado permiso a su jefe directo para asistir a tal evento.

Esta falta laboral cobra mayor gravedad, puesto que Ud. es Jefe del Departamento; en tal razón, su conducta debe ser el mejor ejemplo para su personal.

> Atentamente,
>
>   _Perengano_   V°B°   _Fulano_
> Superintendente de Operaciones   Gerente de Producción
>
> FPM/sc

运营总管佩雷加诺先生,就工作失职问题致函苏塔诺。(函件经生产部经理弗拉诺审批)

    你于本月13日10:20到11:20之间擅离职守,既没有收到正式邀请,也没有向直接领导请假,去参加了热电厂锅炉启动的开幕仪式,本主管部门认为此行为已构成工作失职,现以此函件通知你。

    你既然身为部门领导,你的行为就应该成为下属的正面表率。因此你本次错误被认为是严重错误。

    此致。

例3

> ## COMINPE S.A.
> ### MEMORANDUM CORRESPONDENCIA INTERNA
>
> **A**   : FULANO   **FECHA**:
>
> **DE**   :   _ZUTANO_   **ARCHIVO** №:
>   GERENTE DE ING.
>
> **ASUNTO** : MEDIDA DISCIPLINARIA   **COPIA**:
>
> №   :
>
> Adjunto encontrará Ud. su boleta de Suspensión por 15 días sin goce de haber, del 22.04.2011 al 06.05.2011.
>
> Se le aplica esta medida disciplinaria, en razón de haber cometido falta grave administrativa en el cabal cumplimiento de su

responsabilidad, tal como consta en nuestra comunicación recibida por Ud. ante el Juez de Paz de la Localidad el 08.04.2011. y en el respectivo Informe de Auditoría Interna.

Tenemos la seguridad de que el presente lo hará reflexionar en forma positiva y juntos haremos el máximo esfuerzo posible para la correcta administración de la Jefatura a su cargo.

Atentamente,

　　firma
　Gerente. DE Ing.

FMP/sc

参考译文：

工程部经理苏塔诺致函弗拉诺先生
事由：纪律措施
　　现附上你的停薪停职通知，停工时间：2011年4月22日—2011年5月6日。
　　对你执行纪律措施，是由于你未尽职尽责（完全履行自己的职责），而造成严重管理失误。事由以你收到的我们的通知和公司内部审计报告佐证，我们给你的通知是2011年4月8日本地和平法官在场当面递交的。
　　我们相信此函能促使你得到正面的积极的反思，今后我们共同努力，对你旗下的部门进行正确的领导。
　　此致。

COMINPE S.A.
MEMORANDUM CORRESPONDENCIA INTERNA

Lima, 04 de julio de 2011

Señor Ingeniero
Zutano
<u>Presente</u>

De nuestra consideración:

 La presente tiene por objeto hacer de su conocimiento que usted ha incumplido el Procedimiento de la Empresa para solicitar permiso. Sin haber dialogado con su Supervisor Jefe responsable, confeccionó Ud. una boleta de permiso y se ausentó de su centro de trabajo.

 Esta falta laboral cobra mayor importancia, teniendo en cuenta que es Ud., un funcionario de la Empresa, responsable de la sección, por tal razón, el ejemplo que Ud. da al personal bajo su responsabilidad debe ser de una conducta y disciplina intachable.

 Por lo expuesto, mediante la presente, queda Ud. severamente amonestado.

 Tenemos la seguridad de que reflexionará Ud. en forma positiva y no reincidirá (重犯) en cometer falta laboral; así juntos seguiremos manteniendo la eficiencia y disciplina en nuestro centro de trabajo.

Atentamente,

  <u>Fulano</u>   V°B°
JEFE DPTO. DE ING.
             <u>Perensejo</u>
          GERENTE DE PRODUCCIÓN

MFP/sc

II 人事管理 ADMINISTRACIÓN PERSONAL

> 参考译文:

工程部门领导弗拉诺致函苏塔诺先生,经生产部佩雷塞霍经理签批
苏塔诺工程师:

  谨以此信通知您,您没有履行公司正常的请假程序。在没有向总监领导请假的情况下,私自填制了请假单并擅自离岗。

  因为您是公司的一名官员,是部门的负责人,在行为和遵守纪律问题上,应给手下员工做无可非议的榜样,所以这次违反劳动纪律,情节非常严重。

  出于以上原因,通过本函件,对您进行严重警告。

  我们相信,您会用积极的态度进行反思,下不为例。让我们共同保障工作效率,遵守公司纪律。

  此致。

6.3 处分申诉 CARTA DE CONTESTA A LAS SANCIONES

Lima, 06 de junio de 2011

Sr.
Fulano
Gerente de RR.II.（RELACIONES INDUSTRIALES）
PRESENTE.-

  Por la presente, solicito, respetuosamente, la anulación de la suspención de 3 días que se me aplicó equivocadamente, a fin de reparar el daño moral causado injustamente, y para no manchar mi limpio file personal*.

  Me veo obligado a hacer por escrito, porque confío en que cuando se enteren concienzudamente, hará meditar a Ud. y a quienes, según dijo, le ordenaron hacer la boleta** de suspensión.

  La boleta tiene como motivo de la sanción "POR FALTA LABORAL".

  Honestamente, debo explicar sintéticamente lo siguiente:

  （Queda eliminado.）

  Estoy seguro, que si Ud. valora y recurre a otras instancias como la Gerencia de Operación, y explica la situación real y todos los acontecimientos que están documentados, ellos avalarán el levantamiento de la sanción, por ser injusta.

  Ignoro las razones y el porqué se trata de culpar y sin querer escucharme ni revisar los documentos al respecto, o es por mi condición de ser sólo Supervisor:

Quedo a la espera de su pronta y grata respuesta, para que la precipitada y equivocada sanción no sirva para desmoralizar e inmovilizar la productividad a la que todos estamos obligados, en una Empresa como la nuestra que tanto confía y espera de nosotros para cumplir sus objetos pre-fijados por el Directorio.

Atentamente,
Zutano
trabajador

说明：
* file personal：registro personal 个人档案
** la boleta de suspensión：boleta 指开具的停薪罚单，这里可译为停职通知

参考译文：

2010年6月6日，利马

工业关系部经理弗拉诺先生：

给您写此函，是敬请您能取消对我的"停职三天"的错误决定，以平复对我的不公正的精神伤害，避免给我的个人档案造成污点。

我不得不进行书面申诉，因为我确信，如果您和那些决定对我进行停职处理的人，仔细地了解这件事情的话，就会认真考虑。

给我的停职罚单，理由是对"工作失误"的处罚。

说实在的，我需要做出如下综述：(略)

我相信，如果您审视或借鉴一下其他部门，比如说运营部，对他们讲讲真实情况，查阅一下他们的事故处理文件，他们也会给以解除处分的处理，因为给出的处分是不合适的。

我不知道处分的原因。为什么责怪我，而不听我申诉，也不查阅相关文件。也许仅仅因为我担任的监工职务而处分我？

望您能尽快给我回音，得到满意答复。以避免草率而又错误的惩罚影响情绪和影响生产效率。提高生产效率是我们每个人义不容辞的责任，尤其是在我们这样的一个公司。公司为了完成董事会提出的既定目标，对我们寄托了无比的信任和期望。

此致。

员工 苏塔诺

II 人事管理 ADMINISTRACIÓN PERSONAL

7 休假 DESCANSO

Dentro de los días de descanso con permiso se dan diferentes casos, tales como Permiso por motivo de salud, Motivo personal y Vacaciones anuales legítimas. El primer caso, no necesita otro documento que una constancia médica; en los otros dos casos se necesita redactar documentos, para los cuales se presentan los siguientes ejemplos prácticos, con la finalidad de proporcionar referencia a los que la necesiten.

Cabe mencionar que según el convenio entre la empresa y los trabajadores, en algunos centros de trabajo se paga doble sueldo para las vacaciones anuales, en tal caso se debe programar una orden, pero en la práctica, consecuentemente, algunos trabajadores descansan a la vez que cobran. Se llaman vacaciones físicas; otros aunque han cobrado en el mes programado de su descanso, no pueden tomarlo físicamente en el mes preciso, sino que los tomarán más tarde, lo que se considera como vacaciones pagadas.

工作休假，分为病假、事假和常规的年休假。病假只需医生证明，无需其他文件，但事假和年休假，及其准假与否都有撰文的问题。下面介绍了不同情况的实例，供读者参考。

应该注意的是，根据企业和工会的协议，部分企业年休假需支付双工资，在这种情况下，企业内部需要统筹安排员工休假时间。因此，在实际操作中就出现了实际休假（Vacaciones Físicas）和已付工资休假（Vacaciones Pagadas）的说法，前者是既领取了假期工资，也休了假；后者是只领取了假期工资，但实际休假待定。

7.1 休年假通知 AVISO DE LA TOMA DE VACACIONES

COMINPE S.A.

MEMORANDUM CORRESPONDENCIA INTERNA

A : Fulano		**FECHA**:
Jefe de RR.II.		
DE : Mengano		**ARCHIVO**
Jefe de Costos		№:
ASUNTO : VACACIONES FÍSICAS PENDIENTES		**COPIA**:
SR. ROMERO TITO		
№ :		

Hago de su conocimiento que el Sr. Romero Tito (PAS* 2658) tomará 7 días a cuenta de sus vacaciones pendientes, desde el 26

> de Septiembre al 2 de Octubre, de sus 43 Días pendientes.
>
> Quedando pendientes 36 días de Vacaciones Físicas** que las deberá tomar de acuerdo a su solicitud con el suscrito (本人).
>
> Atentamente,
>
> _____nombre y firma_____
> JEFE DPTO. DE COSTOS
>
> FMP/sc

说明：
* PAS: personal administrativo superior 官员（高管、干部）
** Vacaciones Físicas 实际休假
   Vacaciones Pagadas 已付补贴费的休假

参考译文：

成本部门领导致工业关系部门（RELACIONES INDUSTRIALES）领导：

  现告知您，蒂托先生（官员，工号为2658）尚有43天假未休，决定自9月26至10月2日休假7天。

  剩余36天假期，将根据本人申请情况，另行安排。谨此。

7.2 批准事假 PERMISO AUTORIZADO POR ASUNTOS PERSONALES

7.2.1 请假 Solicitud de permiso

>   Lima, 02 de marzo de 2010.
>
> Sr.
> Angel César
> Supdte. de la Planta
> <u>PRESENTE</u>.-

II 人事管理 ADMINISTRACIÓN PERSONAL

De mi especial consideración:

Tengo a bien* dirigirme a Ud. para presentar mis respetos y a la vez comunicarle que por razones de fuerza mayor** por tener problemas urgentes, me veo obligado a solicitarle（que）me conceda Licencia Sin Goce de Haber por el tiempo de 10 días, a partir del 4 hasta el 13 de abril del año en curso.

Confiando en su atención, ruego a Ud. para que se sirva aprobar y gestionar a quienes correspondan mi Licencia solicitada.

Atentamente,

Hernández Cruz

说明：

* "Tener a bien" es una fórmula de cortesía. 是礼貌用语

　Tengo a bien: quisiera 我想……；

　Tenga a bien: haga el favor; por favor 请您……

** fuerza mayor 不可抗力

参考译文：

尊敬的领导：

首先向您表示敬意，同时想告诉您，我由于有急事，不得不向您请10天停薪事假，时间从4月4日到4月13日。

相信能得到您的关照，恳请您能批准，并与相关人员办理我的请假手续。

此致

敬礼

埃尔南德斯·克鲁斯

企业应用西班牙语

7.2.2 审批后上报 Autorizar el permiso y reportar a los superiores

COMINPE S.A.

MEMORANDUM CORRESPONDENCIA INTERNA

A	: Jefe de Relaciones Industriales
DE	: Supdte. de la Planta
ASUNTO	: LICENCIA SIN GOCE DE HABER
Nº	:

Por la presente aceptamos lo solicitado por el Ing. Hernández Cruz. Agradecemos su atención en trámite final.

Atentamente,

<u>Ángel César</u>　　　　V°B°　　<u>Andrés Chávez</u>
Supdte. de la Planta　　　　　Gerente de Producción

ACL/mvll

参考译文：

文件说明：
　　本文系车间总管塞萨尔,在生产部经理查韦斯批阅后,就批准埃尔南德斯先生请假一事,上报工业关系部领导的文件。

文件内容：
　　　　埃尔南德斯先生提出的请假申请,已得到我们的批准。
　　　　请予办理最后的手续,谢谢。

　　　　　　　　　　　　　　　　　　　　　　　车间总管
　　　　　　　　　　　　　　　　　　　　　　安赫尔·塞萨尔

II 人事管理 ADMINISTRACIÓN PERSONAL

7.3 拒批休假实例 PERMISO NO AUTORIZADO

7.3.1 申请 LA SOLICITUD

Lima, 20 de abril de 2011.

Sr.
Ángel César
Supdte. General
PRESENTE.-

De mi especial consideración:

Por intermedio de la presente comunico a Ud. que por necesidad estrictamente de salud, solicito que se me conceda una licencia sin goce de haber por un período de 30 días a partir del 12 del presente mes, el mismo que concluirá el 11 de mayo próximo.

Conocedor Ud. de mi problema de salud, no superado hasta la fecha, confío en su acertada decisión y espero se me acepte mi petición solicitada por ser justa.

Atentamente,

Hernández Cruz

参考译文：

克鲁斯先生致函塞萨尔总管信函

尊敬的领导：

　　谨以此信向您提出申请，由于身体问题严重，申请为期30天的（停薪）假期，起止日期为本月12日到5月11日。期盼得到您的批准。

　　您是了解我的健康问题的，至今也没能得到解决。我的申请确有原因，所以相信一定能得到您的批准。

　　此致

敬礼

埃尔南德斯·克鲁斯
2011年4月20日

7.3.2 上报 REPORTAR AL SUPERIOR

A	: Gerente Administración
DE	: Supdte. General
ASUNTO	: LICENCIA SIN GOCE DE HABER

Habiendo recibido en la fecha la carta adjunta, del Ing. Hernández Cruz—Superintendente de Operaciones, solicitando 30 días de Licencia sin goce de Haber por motivo de Salud, a partir del 12 de abril de 2011.

Pongo a su consideración la mencionada petición a fin de dar respuesta al mencionado Funcionario.

Atentamente,

　Ángel César　　　　APROBADO:　　　Andrés Chávez
Supdte. General　　　　　　　　　　Gerente de Producción

CHL/mvll

参考译文：

文件说明：车间总管塞萨尔，在生产部经理查韦斯批阅后，就批准埃尔南德斯先生请假一事，上报行政部审批。

文件内容：现收到埃尔南德斯先生请假申请（停薪），请假属健康原因，请假30天，起始日期为2011年4月12日。

关于该员工请假一事，请您考虑（批复），以便我们回复该员工的要求。

谨此。

总管安赫尔·塞萨尔

7.3.3 拒批 Rechazar permiso

COMINPE S. A.
MEMORANDUM CORRESPONDENCIA INTERNA

A	: Hernández Cruz	FECHA:	
DE	: <u>Ángel César</u>	ARCHIVO №:	
	Supdte. de la Planta		
ASUNTO	: SOLICITUD DE PERMISO	COPIA:	
№	:		
REF.	:		

Por el presente damos respuesta a su carta de la referencia, y es necesario aclarar ciertos aspectos; hasta el momento se le ha brindado todo el apoyo que Ud. ha requerido, incluso dentro de las horas de trabajo.

Lamentamos informarle que el permiso solicitado para el 1 de junio 2011, no procede, teniendo en cuenta que el último permiso que solicitó fue por los días 19 y 20 del mes pasado.

Atentamente,

<u>Ángel César</u>
Supdte. de la Planta

ACL/mv

参考译文：

车间总监塞萨尔致函克鲁斯先生
事由：请假

　　现回复您的请假来函。应该进行说明的是，至今我们对您已经给予了很多关照，甚至在工作时间内的关照。

很遗憾地告知您，您本次6月1日的请假未获批准。理由是您上月19日和20日刚刚休完事假。

此致

敬礼

8 人事相关用语 TÉRMINOS USADOS EN ADMINISTRACIÓN DE PERSONAL

ESTRUCTURA ADMINISTRATIVA 行政管理结构

estructura organizativa	组织结构
directorio	董事会
presidencia	董事长办公室
comité asesoría	顾问委员会
auditoría interna	内部审计
oficina de asesoria jurídica	法律顾问办公室
gerencia general	总经理办
gerencia general adjunta	助理总经理办(与总经理助理不同)
gerencia	部门经理办
gerencia de gestión	经营部经理办
gerencia de operación	运营部经理办,业务部经理办
gerencia de producción	生产部经理办
gerencia de administración	行政部经理办
gerencia técnica	技术部经理办
gerencia de ingeniería	工程部经理办
gerencia de materiales	物资部经理办
gerencia de venta	销售部经理办
sub-gerencia	副经理办公室
superintendencia	(高级)主管办公室
departamento	科室(处室)
sección (下属 departamento)	科(处)下属办公室

DOCUMENTOS (CARNET) PERSONALES 个人证件

Carnet (documento) de identidad	身份证
Carnet de extranjería	外国人居住证(绿卡)
Pasaporte	护照
L.E. (Libreta Electoral)	选举证
Licencia de conducir	驾照
Tarjeta Sanitaria	医疗证(卡)

II 人事管理 ADMINISTRACIÓN PERSONAL

DOCUMENTOS ACADÉMICOS 学位证件

Certificado Académico	毕业证,结业证
Certificado de Primaria	小学毕业证
Certificado de Secundaria	中学毕业证
ESO:Educación Secundaria Obligatoria	中学义务教育
Título de bachillerato(como enseñanza media)	预科就读证明(如高等教育前)
Título de graduado	大学毕业证
Título de licenciatura(de 5 años)	学士学位证(5年学业)
Título de diplomatura(de 3 años)	大专学位证(3年学业)
Título de graduado	大学毕业
Título de posgrado	硕士学位
Título de doctorado (grado de doctor)	博士学位

DEPARTAMENTO Y SECCIONES DE GERENCIAS 经理办下属处室或科室

gerencia de materiales 物资部

sección de adquisiciones	采购
sección de asistencia técnica campo	现场技术服务
sección de cobranza exportaciones	出口收款
sección de compras de repuesto chino	中国备件采购
sección de contabilidad	会计科
control	管理(控制)
control de calidad	质量控制
control de costos	成本控制
control de inventario físico	实物清点管理(控制)
control de materiales	物资控制(管理)
control de propiedad	财产管理
control inventario	清点控制(财产登记)
costos presupuestos	预算成本
evaluación económica-financiera	经济财务分析
facilidades almacenaje	库存服务
fijación de estándares y tarifas	核定定额和确定价格
planeamiento financiero	财务计划

gerencia gestión 经营部

sección de finanzas	财务科
sección de informática	信息科
informe de la gestión de la empresa	公司经营报告
inspección y aduanas	检查和海关事务部门

métodos industriales	工业方法部门
operaciones internacionales	国际业务部
pago importaciones	进口付款
plan y presupuesto de compras	采购计划和预算
planeamiento	计划
políticas y procedimientos	政策和程序
presupuesto	预算,计划
promoción industrial	工业促进部
reducción de costos	降低成本
seguros	保险
sistema evaluación por resultados (S.E.)	劳动成果评估制度
tesorería	出纳
transporte y seguimiento	运输和跟踪

gerencia producción 生产部

sección de comercialización	销售
sección de concentración	选矿
control de ventas	销售管理
equipo pesado	重型机械
estudio de mercado	市场调研
mantenimiento eléctrico beneficio	选厂电器维修
mantenimiento mecánico	机械维修
mantenimiento mecánico mina	采厂机械维修
operaciones marítimas	海务
operaciones beneficio	选厂生产
operaciones mina	采厂生产
peletización	球团矿
planeamiento de producción	生产计划
planeamiento geología mina	采矿地质计划
planeamiento y programación mantenimiento	维修计划部门
planta de fuerza y desaladora	电厂和海水淡化厂
seguridad e higiene industrial	工业劳保(安全和卫生)
talleres	车间
transferencia y embarque	转运和装船

gerencia técnica 技术部

control de calidad	质量控制
elaboración de proyectos	制定方案

II 人事管理 ADMINISTRACIÓN PERSONAL

investigación	调研
investigación y desarrollo	调研与开发
presupuestos y programación inversiones	投资预算和投资计划
programa medio ambiente	环保计划
proyectos de inversión	投资计划
seguimiento	跟踪
servicios de laboratorio	化验工作

gerencia ingeniería 工程部

control ejecución obras	工程施工管理
expedientes técnicos	技术文件
ingeniería	工程
ingeniería y diseño de proyectos civiles	土建工程设计
ingeniería y diseño de proyectos mecánicos	机械工程设计
ingeniería y diseño de proyectos eléctricos	电气工程设计
obras y facilidades mantenimiento	维修服务和工程

gerencia administración 行政管理部

administración de campamentos	房管部门
administración personal	人事管理部门
administración remuneraciones	工资管理部门
administración servicios transportes	车管(车辆管理)部门
departamento de capacitación	培训部门
clasificación de puestos	工种分类
coordinación servicios médicos	医务室
descripción de puestos	岗位职责(工种定义)
evaluación del personal	人事评估
facilidades mantenimiento	维修服务
información y documentación	信息文件管理(部门)
oficina logística	后勤办公室
organización /control de fuerza laboral	劳力组织管理
planillas (OBR. EMP. PAS.)	(工人、职员、官员)花名册
relaciones laborales	劳务关系
relaciones industriales	工业关系
relaciones públicas	公共关系
seguridad interna	内保,保卫处,保卫科
servicios	服务科
servicio comedor	食堂服务

servicios educacionales	教育服务
servicio social	社会服务
servicio transporte personal	通勤车服务
servicios generales	一般服务
servicios oficina	办公室服务
transporte	运输
transporte aéreo	空运
transporte marino	海运
transporte terrestre	陆运

TRABAJADORES 劳动者

dato personal	个人资料
№ ficha	工号
№ Registro	工号
fecha de ingreso	入厂（入职）日期
fecha de egreso	离厂（离职）日期
en rango	分等级，级别
escala	级别，规模
estamento	等级，阶层，级别
nominación por estamento	分级别说明
en tres estamentos	分三个等级
fuerza personal	劳动力
cuadro de fuerza personal	劳力情况表
incremento de fuerza laboral	增加劳力
recurso personal	人力资源
movimiento de personal	人员流动
despedido (por la empresa)	（被公司）辞退，开除，解雇
ingreso de personal	人员调入
promoción	晋升
promoción a funcionarios	晋升官员（干部）
promoción a empleado	晋升职员
renuncia voluntaria	自愿辞职
retiro de personal	人员离职，退休
por término de contrato	由于合同结束
justificación	原由（理由）
permiso	获准（休假）请假
descanso	休息
descanso semanal	周休

II 人事管理 ADMINISTRACIÓN PERSONAL

descansos feriados	节日休息
estar de permiso	正在休假
pedir permiso	请假
permiso médico	病假
vacaciones anuales	年休假
personal	人员,员工统称
personal empleado	职员,员工
personal permanente	长期工
personal contratado	合同工
personal temporal	临时工
personal de planilla	正式员工
personal estable	正式员工
profesionales libres	自由职业者
fulano	某人,张三
zutano	某人,李四
mengano	某人,王五
perengano (o perensejo)	某人,赵六
profesión	职业
título	职称
uso de recursos	人力物力资源的使用
vacante	职务(岗位)空缺
cobertura de vacante	填补职务(岗位)空缺

funcionario 官员(干部)

composición del directorio	董事会的构成
presidente de directorio	董事长
vicepresidente	副董事长
directorio	董事会
miembro del directorio	董事
plana gerencial	经理办构成
gerente general	总经理
gerente general adjunta	助理总经理
subgerente general	副总经理
asistente del gerente general	总经理助理
gerente	经理
subgerente	副经理
gerente de operaciones	运营部(业务部)经理
subgerente de operaciones	运营部副经理

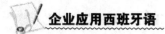

abogado	律师
abogado asistente	助理级别的律师
analista	分析员
analista de costos	成本分析员
analista de impuestos	税务分析员
analista mayor	主任分析员
asesor	顾问
auditor	审计员
comprador	采购员
especialista	专家
ingeniero	工程师
ingeniero administrativo	管理工程师
ingeniero civil	土建工程师
ingeniero colegiado(registrado)	注册工程师(工程师协会注册)
ingeniero de minas	矿业工程师
ingeniero eléctrico	电气工程师
ingeniero mecánico	机械工程师
ingeniero metalúrgico	冶金工程师
ingeniero minero	矿业工程师
ingeniero químico	选矿工程师,化学工程师
ingeniero residente	驻地工程师
jefe	领导(统称)
jefe de departamento	科长,处长
jefe de sección	办公室主任
sub-jefe de sección	办公室副主任
superintendente	(高级)主管
asistente superintendente	(高级)主管助理
supervisor	监工

empleado 职员

analista	分析员
asistente	助理
asistente supervisor	监工助理
auxiliar	助理员
auxiliar caja	出纳员
camionero	矿车司机
chófer	司机
chófer de transporte	运输车司机

II 人事管理 ADMINISTRACIÓN PERSONAL

chófer de ómnibus	通勤车司机
digitador	录入员
inspector	检查员（安全）
inventariador	库房管理员
operador	（机器、设备的）操作工
operador de computadora(informático)	计算机管理员
operador terminal	计算机终端操作员
operador del camión	矿车司机
palero	电铲司机
recibidor	收货员（库房）
recibidor despachador	收发员（库房）
secretaría	秘书职业（秘书工作统称）
secretaria(o)	女（男）秘书
secretaria bilingüe	双语秘书（通晓一门外语的秘书）
secretario ejecutivo	执行秘书（高级秘书）
secretario mayor	秘书长
sobrestante	领班
técnico	技术员
técnico diseño	绘图员

obrero 工人

albañil	瓦工
almacenero	库工
ayudante	帮工，小工
carpintero	木工
chófer	司机
electricista	电工
electricista automotor	自动化电工
engrasador	润滑工
enllantador	换轮胎工
especialista	熟练工，技工
especialista carga	熟练装运工
especialista disparo	熟练爆破工
gasfitero	管道工
gruero	起重工
instrumentista	仪表（维修）工
maestro especialista	技师
mayordomo	招待员

mecánico	机械工（钳工）
mecánico automotor	自动化机械工
mecánico mantenimiento	维修机械工
muestrero	取样员
oficial	见习工（清洁工）
perforista	爆破工
perforista especial	特殊爆破工
pintor	油漆工
planchador	钣金工
soldador	电焊工
tornero（turneador）	车工
tubero mecánico	管道机械工

REMUNERACIONES 工资

bonificación	补贴
bono	补贴（餐饮、交通等补贴）
gratificación	工资（多指双工资的酬金）
jornada	工资（指每日薪酬，多指工人工资）
remuneración	薪酬,报酬,工资
remuneración adicional	加班费,加班补贴
remuneración adicional de 2 jornales básicos	基本工资的2倍的补贴
sueldo	工资（指月薪）
la paga de beneficios	奖金类的补贴（在西班牙）
la paga extra (extraordinaria)	指双工资的酬金（在西班牙）

SANCIÓN DISCIPLINARIA 纪律处分

abuso del derecho	滥用职权
atribuible	可归咎的
atribuir	归咎
conductas	行为,表现
conductas indebidas	不当行为
carteado	被辞退（革职）人员
ser carteado	被辞退（革职）
el que ha recibido carta de cancelación	收到辞退函的人
conducta	表现,行为
la buena fe laboral	善意的工作态度
portarse bien	表现好
portarse mal	表现不好

II 人事管理 ADMINISTRACIÓN PERSONAL

culpable	责任人
despedir a una persona	开除人
despido	开除,辞退
disciplina	纪律
disciplina laboral	劳动纪律
incumplimiento de disciplina	违纪
encuesta	民意调查
error	错误
cometer error	犯错误
corregir error	改正错误
falta	错误
falta grave	严重错误
falta leve	轻微错误
falta laboral	工作错误
falta disciplinaria	纪律错误
reincidir en una falta	重犯错误
ignorar	忽视
incurrir en las faltas de	犯……错误
incurrir en tardanzas	犯迟到错误
llamar la atención	警告
reglamento	规章制度,规定
reglamento de la empresa	公司规章制度
reglamento establecido	(已有)规定
reglamento y procedimiento de la empresa	公司规程(制度和程序)
sanciones	处分
sanciones previstas en el reglamento	制度规定的处分
ser sancionado por	受到……处分
caer en sanciones	受到处分
llamar atención	口头警告
amonestación	警告
amonestar	警告
ser severamente amonestado	被处以严重警告
suspensión	停职
despido	开除
suspensión	停职
3 días de suspensión	停职3天
suspensión sin goce de haber	停薪停职

TRABAJO 工作

ambiente de trabajo	工作环境
capacidad de trabajo	工作能力
eficiencia de trabajo	工作效率
frecuencia de trabajo	工作频率
horario	作息时间
horas efectivas	实际(工作)时间
horas operadas	生产时间
horas paradas	停产时间
horas perdidas	损失时间
rendimiento de trabajo	工作效率
turno	倒班,班次
cambiar de turno	交接班,换班
cambiar turno a uno	使某人换班
le toca el primer turno	轮到他上头班
pertenecer al 2do.turno	属于第2班
rol de turnos	排班名单
rotar de turno	按规定顺序的倒班
ser asignado al 1er. turno	被分在第1班
trabajar en tres turnos	分三班工作
trabajo de tres turnos	三班倒的工作
turnar	倒班
turno de día (1er. turno)	白班(第一班、头班)
turno de noche (2do. turno)	夜班(二班)
turno de amanecida (3er.turno)	早班(三班)
personal de Servicio Continuado e Ininterrumpido	上连班的工作人员

III 走访事宜
DOCUMENTOS RESPECTO A UNA VISITA

A la hora de hacer negocios, ya sean nacionales o internacionales, es muy frecuente la colaboración entre empresas, la cual siempre se hace a través de visitas formales. Así, se hace necesario conocer las fórmulas de redacción más comunes a la hora de invitar a otra empresa, responder a una invitación, y agradecer o rechazar respetuosamente dicha invitación por motivos de fuerza mayor. He aquí una recopilación de diferentes modelos de ejemplos concretos que pueden aplicarse a la hora de invitar o responder a una invitación de negocios.

生意场上，无论是国内贸易，还是国际贸易，企业间经常会通过正式互访进行协作。因此，有必要了解走访过程中常用文件的撰写方式：如何邀请他方、如何回复邀请函、访问后如何复函表示谢意、因故不能赴约及如何礼貌地谢绝邀请等。本章节汇编的是访问邀请的往复商业函件的实例。

1 国内企业走访实例 EJEMPLO DE VISITA ENTRE EMPRESAS LOCALES

1.1 提出走访要求 SOLICITUD DE VISITA A LA EMPRESA DESTINATARIA

Lima, 15 de noviembre de 2010

Señor
Fulano*
Vicepresidente Ejecutivo**
Empresa X S.A.A.
Av. Camino del Inca 888, Surco
Lima.-

Estimado Señor Fulano:

  Por la presente es grato hacerle llegar nuestro más cordial saludo, y a la vez manifestarle el interés de nuestro Presidente de Directorio, Señor Wang, de visitar las instalaciones de su centro minero, en especial su depósito de relaves, visita para la cual solicitamos su aprobación.

  El Señor Wang, estaría acompañado por su traductor, el Señor Li, teniendo previsto su llegada y retorno para el día martes 13 de los corrientes***, llegando a vuestro campamento en movilidad propia.

  Siempre reconocida su amable atención, nos es grato transmitirle las expresiones de nuestra especial consideración.

  Atentamente,

  <u>GOMAS</u>
  Gerente General Adjunto
  COMINPE S.A

参考译文：

尊敬的张三先生：

  首先向您表示热情的问候，同时向您表明我公司副董事长王先生希望能赴贵公司生产现场一访，特别是参观一下尾矿库，望您能同意。王先生将由其翻译李先生陪同，准备本月13日前往，当天返回，车辆自备。

  对于您的热情，在此谨表谢意。

  此致。

            助理总经理戈玛斯
            2010年11月15日于利马

说明：

 * Fulano 张三、Mengano 李四、Sutano 王五、Perengano 赵六，用的较多的是张三、李四。

 ** Vicepresidente Ejecutivo 执行副董事长（职务为副董事长，但主持工作）

 *** 13 de los corrientes (los corrientes quiere decir el corriente mes del corriente año)，译为"本月13日"即可。

III 走访事宜 DOCUMENTOS RESPECTO A UNA VISITA

1.2 对方接受走访 CONTESTA DE ACEPTACIÓN DE LA SOLICITUD

Lima, 16 de noviembre de 2010

Señor
Gomas
Gerente General Adjunto
COMINPE S.A.
Av. Aviación Nº 2581, San Isidro
Lima

Estimado Sr. Gomas:

  Damos respuesta a su carta del día de ayer, dirigida al Sr. Charles, en relación a la visita que el Sr. Wang desea hacer a nuestras instalaciones en las áreas de operaciones, en compañía del traductor, Sr. Li.

  Nos es muy grato confirmarle que en dicha visita los acompañará el ing. Guillermo, Gerente de Ingeniería, por lo que les agradeceremos hacernos llegar la siguiente información, para dar aviso a nuestras oficinas de Seguridad:

- Hora de llegada
- Marca, color y número de placa del vehículo.
- No. de Carnets de Extranjería de los visitantes.

Atentamente,

 Charles
Presidente
 CBS/ygb

* Por favor, enviar su respuesta a nuestro fax No.1234567.

参考译文：

尊敬的戈玛斯先生：

  现回复您昨日给查尔雷斯先生的来函,来函谈到王先生希望到我公司生产现场走访事宜,并由翻译李先生陪同。

  我们很高兴地告知您,来访将由我公司工程部经理吉耶尔莫工程师负责接待。为方便我单位安保部门工作，请您告知下列信息：
- 到达时间；
- 来车的品牌、颜色和车牌号；
- 来访人的外国人员居住证号码。

此致。

请将回函发往FAX: 1234567

1.3 通知走访时间 COMUNICACIÓN SOBRE LA FECHA DE VIAJE

Lima, 16 de noviembre de 2010

Señor
Fulano
Vicepresidente Ejecutivo
Empresa X S.A.
Av. Camino del Inca 888
Santiago de Surco
Lima.-

Estimado Señor:

　　Nos es grato dirigirnos a ustedes para agradecerles por haber aceptado la visita del Sr. Wang, Vicepresidente de nuestra empresa a sus instalaciones en las áreas de operaciones; de acuerdo a lo solicitado en su carta de fecha 15-11-2010, estamos haciéndoles llegar la información requerida:

　　- Hora de llegada aproximada 10:00 a.m.
　　- Auto marca Toyota-Corona, color guinda, número de placa ALJ 999
　　- Carnet de Extranjería
　　Sr. xxx C.E.No. 076543
　　Sr. xx C.E.No. 071234
　　Apreciamos su gentil atención, quedando de ustedes.

　　Atentamente,

III 走访事宜 DOCUMENTOS RESPECTO A UNA VISITA

COMINPE S.A.

<u>LARA GOMAS</u>
Gerente General Adjunto

参考译文：

尊敬的先生：
　　感谢贵公司接受我副董事长王先生前往贵公司生产现场的拜访。根据贵方来函的要求，现将所需信息提供如下：
　　——大约到达时间：上午10:00
　　——轿车品牌：丰田；紫红色；牌照号：ALJ 999
　　——外国人居住证号：略。
　　感谢热情关照。
　　此致。

1.4 访后感谢信 CARTA DE AGRADECIMIENTO DESPUÉS DE LA VISITA

COMINPE S.A.

Lima, 15 de noviembre de 2008

Señor
Fulano
Vicepresidente Ejecutivo
Empresa X S.A.A.
Av. Camino del Inca 888
Santiago de Surco
Lima.-

Estimado Ingeniero Fulano:
　　Es grato dirigirle la presente para hacer llegar a usted, y por su gentil intermedio al Ing. Guillermo Alfaro, mi cordial saludo y sincero agradecimiento por las atenciones

recibidas durante mi reciente visita a vuesras* instalaciones de Toquepala.

Sirva la presente, igualmente, para expresarle que el recorrido por vuestras instalaciones me ha dejado gratamente impresionado, corroborando (证明) de esta forma la información que tenía del desarrollo técnico y profesional de la empresa que tan acertadamente usted preside.

Reconocido nuevamente por vuestra gentil deferencia, es propicia la oportunidad para renovar a usted las expresiones de mi especial consideración.

Atentamente,

___firma___

Vicepresidente

COMINPE S.A.

说明:

* vuestro (sería "su" en España): Una manera de expresar respeto en Sudamérica. Sin embargo, el verbo se mantiene en tercera persona.

南美的一种人称用法,用你们的,表示尊敬,随之的动词变位却是第三人称。南美部分国家几乎不用第二人称复数形式。

参考译文:

尊敬的XX先生:

今去函向您,并通过您向XXX工程师,表示热情的问候及诚挚的感谢,感谢你们在我刚刚结束的访问中的热情关照。对贵公司的拜访,给我们留下了深刻的印象,正如我们听说的那样,贵公司的技术、业务工作,在您的领导下,均开展得卓有成效。

又一次感受了你们的热情,再一次表示特别的敬意。

此致。

2 涉外访问实例 EJEMPLO DE VISITA AL EXTRANJERO

Una carta de invitación para destino extranjero tiene muchas diferencias respecto a las de destino nacional o local. El primer caso sirve para tramitar la visa, la cual requiere datos personales, tales como nombre completo, sexo, nacimiento, nacionalidad, número de pasaporte, período de permanencia, e incluso las empresas responsables de los gastos de viaje del visitante, en la mayoría de los países.

III 走访事宜 DOCUMENTOS RESPECTO A UNA VISITA

涉外走访的邀请函与国内邀请函有着本质区别，为了方便办理签证，必须详细写明应邀人的个人信息，比如姓名、性别、出生日期、国籍、护照号码、走访时间段等，在很多国家，甚至还要注明走访费用由公司承担。

2.1 请发邀请函 SOLICITUD DE CARTA DE INVITACIÓN

COMINPE S.A.

Lima, 12 de mayo de 2011

Señor
Martínez
Presidente Empresa X S.A.
Puerto Ordaz
Venezuela.

        Asunto: VISITA A LAS INSTALACIONES
           DE PUERTO ORDAZ

De nuestra consideración:

  Es grato dirigirle la presente para hacerle llegar nuestro cordial saludo, y a la vez manifestarle que nuestra Empresa está interesada en conocer las instalaciones de vuestro* centro de operación en PUERTO ORDAZ y siendo necesario para el trámite de la visa pertinente, la presentación de una carta de invitación del país a visitar, nos permitimos solicitarle se sírvan hacernos llegar la referida carta-invitación para nuestros señores funcionarios:

 Sr.xxx: № de Pasaporte 34512; fecha de nacimiento 11 de Octubre de 1963
 Sr.xx: № de Pasaporte 23415 ; fecha de nacimiento 9 de Marzo de 1956
 Reconocido por vuestra amable atención al presente, es grato reiterarme de usted,
 Atentamente,
  Zhang Shan
 Vicepresidente
 COMINPE S.A

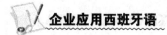

说明：
　　* vuestro (sería "su" en España) : Una manera de expresar respeto en Sudamérica. Sin embargo, el verbo se mantiene en tercera persona.
　　南美的一种人称用法，用你们的，表示尊敬，随之的动词变位却是第三人称。南美部分国家几乎不用第二人称复数动词变位形式。

参考译文：

尊敬的先生：
　　来函首先向您表示热情的问候，同时要说明的是，我公司很想了解一下贵公司在奥尔达斯港的生产现场，办理签证时需要目的国的邀请函，烦请您为我公司以下先生开具邀请函：
　　xxx 先生，护照号34512，出生于1963年10月11日
　　xx 先生，护照号23415，出生于1956年3月9日
　　感谢关照，再见。
　　此致。

副董事长签字

2.2 邀请函 CARTA DE INVITACIÓN

EMPRESA X S.A.

CIUDAD GUAYANA, 16 de febrero de 2008
Señores:
COMINPE S.A.
Av. Aviación N° 2581, San Isidro
Lima
Perú

Estimados Señores:
　　En representación de EMPRESA X S.A., deseamos extender una invitación a vuestro Vicepresidente de Directorio, Sr.xxx con pasaporte №34512 y con fecha de nacimiento 11 de Octubre de 1963 y a su intérprete, Sr.xx con pasaporte № 23415 y

III 走访事宜 DOCUMENTOS RESPECTO A UNA VISITA

con fecha de nacimiento 9 de Marzo de 1956, para que visiten nuestras oficinas en Puerto Ordaz y las instalaciones de la planta de Péllets en la misma ciudad, a partir del 22 de Febrero del año en curso, para (por) un período de 5 días.

Estimando toda su atención.

Atentamente,

Martínez

Presidente Empresa X S.A.

参考译文：

尊敬的先生们：

我们X公司邀请贵公司于2月22日，前往我公司在奥尔达斯港的办事处进行5天的访问，并参观位于该城的球团厂。

来访人员：xxx先生，护照号34512，出生于1963年10月11日

xx先生，护照号23415，出生于1956年3月9日

谢谢关照。此致。

2.3 通知走访日程 COMUNICACIÓN DE ITINERARIO AL DESTINATARIO

COMINPE S.A.

Lima, 02 de febrero de 2011

Señor
Martínez
Presidente Empresa X S.A.
Puerto Ordaz,
Venezuela.

Asunto: VISITA A LAS INSTALACIONNES
DE PUERTO ORDAZ

De mi mayor consideración:

Por la presente me es grato informarle de que el itinerario de nuestra visita a

> Puerto Ordaz es el siguiente:
>   23 de feb.2011 lunes
>   VUELO AEROPERU PL 630
>   Salida de Lima 11:15   Llegada a Puerto Ordaz 20:44
>   26 feb 2008 jueves
>   VUELO AEROPERU PL 630
>   Salida de Puerto Ordaz 12:20   Llegada a Caracas 13:19
>   27 feb 2008 viernes
>   VUELO AEROPERU PL 631
>   Salida de Caracas 20:00   Llegada a Lima 22:40
> Sin otro particular, aprovecho la oportunidad para agradecerle a usted y a sus socios. Nos vemos pronto.*
>   _firma_
>   Vicepresidente
>   COMINPE S.A.

说明：

* Nos vemos：相当于 Hasta la próxima

尊敬的先生：

我们前往奥尔达斯港行程如下：（略译，参见2.5机票的行程表）

谨此向您及您的合伙人表示谢意。再见。

副董事长签字

2.4 访后感谢信 CARTA DE AGRADECIMIENTO DESPUÉS DE LA VISITA

> COMPAÑIA MINERA
>
> # COMINPE S.A.
>
> Lima, 02 de marzo de 2011
> Señor
> Martínez

III 走访事宜 DOCUMENTOS RESPECTO A UNA VISITA

Presidente Empresa X S.A.
Puerto Ordaz,
Venezuela.

Estimado Sr. Martínez:

Es grato dirigirle la presente para hacer llegar a usted mi cordial saludo y sincero agradecimiemto por todas las atenciones recibidas durante mi reciente visita a vuestras instalaciones en Pto.(puerto) Ordaz, Venezuela.

Con la seguridad de que en un futuro cercano podamos conversar sobre temas de mutuo interés para nuestras representadas（我们的公司）, hago propicia la oportunidad para renovarle las expresiones de mi especial consideración.

Atentamente,
　Zhang Shan　
Vicepresidente
COMINPE S.A.
ZS/ed

参考译文：

尊敬的马丁内斯先生：

去函向您表示热情的问候。刚刚结束对贵公司的访问，访问中受到了你们的热情接待，对此也表示诚挚的谢意。

相信对双方公司感兴趣的问题，在不久的将来，便能进行洽谈。顺致敬意。

此致。

副董事长张山签字
2011年3月2日

2.5 机票的行程表实例 ITINERARIO DE UN PASAJE AÉREO

A muchos pasajeros les causa grandes quebraderos de cabeza el ver por primera vez el pasaje aéreo. Entender el contenido de la tarjeta de entrada a un país y la declaración de maletas puede resultar una tarea ardua, así como rellenar el formulario; encima de eso es frecuente no encontrar a nadie para consultar, sintiéndose avergonzado. El presente capítulo 2.5 y el que sigue, el 2.6, resuelven fácilmente el problema con un vistazo a éstos antes del viaje.

企业应用西班牙语

很多第一次出行的人，看不懂机票上的行程表，也不会填写入境卡和行李单，苦又无人可问，会造成不必要的尴尬。出行前略读2.5、2.6两个章节，这个问题就会迎刃而解。

```
VENDEDOR:LS[1]           ITINERARIO[2]        FECHA:23/02/2011[3]
PARA: ZHOU/RONG[4]
23 de feb. 11  -  lunes[5]
VUELO   AEROPERÚ[6]     VLO: PL 630[7]   ECONÓMICA[8]      COMIDA[9]
   Sal[10]   Lima              1115[11]          EQP: BOEING 757[12]
   Lleg[13]  Puerto Ordaz      2044             1-ESCALA[14]
26 feb 11  -  jueves
VUELO   AVENSA          VLO: VE 66    ECONÓMICA        SNACK/BRUNCH[9]
   Sal   Puerto Ordaz        1220             EQP: DC-9
   LLeg  Caracas             1319             SIN ESCALAS[15]
27 feb 11  -  viernes
VUELO   AEROPERU        VLO: PL 631   ECONÓMICA
   Sal de Caracas            2000             EQP: BOEING 757
   Lleg Lima                 2240             SIN ESCALA
```

FAVOR PRESENTARSE   1 HORA   ANTES DE LA SALIDA EN VUELOS NACIONALES[16] O 3 HORAS ANTES EN VUELOS INTERNACIONALES[17]
FAVOR RECONFIRMAR SU RESERVA CON 24HRS DE ANTICIPACIÓN[18]

  ****   CONTAC TOURS S.A. LES DESEA FELIZ VIAJE   ****

FAVOR NO OLVIDAR LLEVAR SU PASAPORTE Y/O DOCUMENTOS[19]
FAVOR NO OLVIDAR PAGAR SU IMPUESTO DE SALIDA USD.25.00[20]
FAVOR RECONFIRMAR SU VUELO DE RETORNO 72 HORAS ANTES [21]
SUS ASIENTOS LIMA /CARACAS SON 5B/C[22]
SUS ASIENTOS CARACAS /LIMA SON 4B/C[23]

词义注释：

1. 售票公司，出票公司；   2. 行程表；
3. 机票日期；   4. 乘机人姓名；
5. 2011年2月23日（周一）；   6. 航空公司；

III 走访事宜 DOCUMENTOS RESPECTO A UNA VISITA

7. 航班号；
8. 等级,经济舱；
9. COMIDA 备餐,配餐/SNACK/BRUNCH(小食品/早餐和午餐)；
10. Salida 离港时间；
11. 11点15分；
12. EQUIPO 机型波音757；
13. Llegada 到港时间；
14. 中途停机1次；
15. 直航(中途不停机)；
16. 国内航班请提前1小时到机场
17. 国际航班请提前3小时到机场
18. 请提前24小时确认预订机票

**** CONTAC TOURS 旅行社祝您路途愉快 ****

19. 请携带护照及证件
20. 请交25美元机场费(impuesto de aeropuerto)
21. 请提前72小时确认返程机票
22. 您的利马到加拉加斯的机票座位号是5B/C
23. 您的加拉加斯到利马的机票座位号是4B/C

2.6 入境卡和行李声明 TARJETA DE MIGRACIÓN Y DECLARACIÓN DE EQUIPAJES

TARJETA ANDINA DE MIGRACIÓN 入境卡

Cara principal (anverso) 入境卡正面　　　　reverso 入境卡反面

Descripción de la cara principal de la tarjeta 入境卡正面说明

1. Apellidos 姓
2. Nombres 名
3. País de Nacimiento 出生国
4. Nacionalidad 国籍
5. País de Residencia 居住国
6. País de Procedencia, no escala técnica 离港国；非转机国
   País de destino (solo para peruanos y residentes) 目的国（仅限于秘鲁人和秘鲁常居人员）
7. Tipo de documento de viaje 证件类型
   Pasaporte 护照
   Cédula de Identidad 证件
   Salvoconducto 通行证
   otros 其他
8. Nº de Documento 证件号码
9. Fecha de nacimiento 出生日期
   DÍA - MES - AÑO 日/月/年
10. SEXO 性别
    FEMENINO - MASCULINO 女/男
11. ESTADO CIVIL 婚姻状况
    SOLTERO - CASADO - OTROS 单身/已婚/其他
12. Ocupación O Profesión 职务或职业
13. TIPO DE ALOJAMIENTO 住宿类别
    Particular - Hotel - Hostal - Dirección 私宅/酒店/旅馆：地址
14. MEDIO DE TRANSPORTE 交通方式
    Aéreo - Terrestre - Marítimo - Fluvial 航空/陆路/海路/水路
15. Compañía de Transporte Utilizado 交通公司
16. Motivo principal de viaje 旅行主要目的
    Vacaciones recreación - Ocio 度假/休假
    Visitas a familiares y amigos 探亲和访友
    Negocios y motivos profesionales 商业和业务目的
    Tratamientos de salud 就医
    Trabajos 工作
    Otros 其他

SOLO PARA USO OFICIAL 官方填写

Peruano 秘鲁人
Ofic. Diplomático 外交人员
Tripulante 机组人员

TIPO DE VISA 签证种类

Temporal 临时性的
Residente 居住性的

III 走访事宜 DOCUMENTOS RESPECTO A UNA VISITA

Descripción del reverso de la tarjeta 入境卡反面说明

DECISIÓN 397 Y RESOLUCION 527 - ACUERDO DE CARTAGENA 卡塔赫纳协议397决定和527决议 NOTA: LOS EXTRANJEROS NO PUEDEN PERMANECER EN EL PAÍS MAS TIEMPO QUE EL AUTORIZADO, NI REALIZAR ACTIVIDADES REMUNERATIVAS O LUCRATIVAS SIN CONTAR CON LA CALIDAD MIGRATORIA CORRESPONDIENTE. ESTA TARJETA DEBERA SER ENTREGADA A LAS AUTORIDADES MIGRATORIA A LA SALIDA DEL PAÍS. 说明：外国人居留不得超过批准时间，不得从事有偿劳动和赢利活动。本卡出境交移民机构。	PRÓRROGA DE PERMANENCIA HASTA EL ················ DE············· DEL 200············· 延长居留时间，延至200 ······································· FIRMA DEL FUNCIONARIO RESPONSABLE 负责领导签字	PRÓRROGA DE PERMANENCIA HASTA EL ················ DE············· DEL 200············· 延长居留时间，延至200 ······································· FIRMA DEL FUNCIONARIO RESPONSABLE 负责领导签字

Taco de la tarjeta de migración 机场出关时乘客保存的入境卡的卡根

```
MINISTERIO DEL INTERIOR
DIRECCIÓN GENERAL DE MIGRACIONES Y NATURALIZACIÓN
TARJETA ANDINA DE MIGRACIÓN
ANDEAN MIGRATION CARD
PE-KL N° 617562     Resolución CAN 527
(USE LETRA IMPRENTA - PLEASE PRINT)
1. APELLIDOS / SURNAME:           ZHOU
2. NOMBRES / NAMES:               YARONG
3. FECHA DE NACIMIENTO            DIA-DAY 09   MES-MONTH 03   AÑO-YEAR 86
4. NACIONALIDAD                   CHINA
5. TIPO DE DOCUMENTO DE VIAJE     PASAPORTE [X]   CÉDULA DE IDENTIDAD [ ]   SALVOCONDUCTO [ ]   OTROS [ ]
6. NÚMERO DE DOCUMENTO            G20137145
```

Nota: Esta TARJETA DE MIGRACION será entregada a la aduana en el momento de entrar en el país de destino, cuyo taco se devolverá al pasajero, quien lo tiene que guardar bien con el fin de volver a presentarlo al salir del país en su viaje de retorno.

说明：在目的国出关的时候，入境卡要交给海关，但海关会将卡根还给本人。本人要保存好，返程出境时海关会向出境人索要。

DECLARACIÓN JURADA DE EQUIPAJES 行李声明

DECLARACIÓN JURADA DE EQUIPAJES 行李声明		
N° De Pasaporte 护照号	Nacionalidad 国籍	
1. IDENTIFICACION 个人信息		
Apellidos y Nombres 姓名	Profesión / Ocupación 专业/职业	
Domicilio 住址	Dirección en Perú (del viajero no Residente) 秘鲁地址(非居民)	
País de Procedencia 离港国	CIA. Transportadora 运输公司	
N° de vuelo / Nombre nave / matrícula vehículo 航班号/船名/车牌照	Fecha Llegada 到达日期	N° de bultos 行李号
2. DESCRIPCION DE LOS ARTICULOS 携带物品		
¿ Porta productos agrícolas? 是否携带农产品		SI - NO*
¿ Porta productos silvestres? 是否携带野生产品		SI - NO*

III 走访事宜 DOCUMENTOS RESPECTO A UNA VISITA

¿ Tiene UD. por regularizar alguna operación de salida temporal de equipaje? 是否有要取的行李	SI – NO*

3. SI USTED DESEA INGRESAR AL PERÚ EQUIPAJE AFECTO AL PAGO DE DERECHOS, SÍRVASE DETALLARLO A CONTINUACIÓN
涉税商品登记

ARTÍCULO - MARCA - MODELO - SERIE - VALOR
物品——品牌——样式——出厂号(产品序列号)——价值

FIRME ABAJO DESPUÉS DE HABER LEÍDO LA ADVERTENCIA EN EL DORSO
请认真阅读背面的注意事项后在下面签字

He leído la advertencia al dorso y declaro la verdad
我已阅读背面的注意事项并声明属实

....
            Firma 签字   Fecha 日期

说明：

*Entre los tres casos, sólo el último marca "sí", para retirarse los equipajes propios; y en los dos primeros debe marcar "no", de modo que no se permite portar productos agrícolas ni silvestres sin trámites especiales.

Y esta tarjeta es una "**DECLARACIÓN JURADA**", quiere decir, debe decir la verdad; en caso contrario, corre el riesgo de cometer delito penal.

这三个需要标注的项目，只有最后一项标注"sí"，说明你有自己的行李要取；其他两项要标注"no"，因为不办理特殊手续，不可以携带农业产品和野生产品。

本声明属宣誓声明，要求诚实，否则会有违法的风险。

3 涉外访问另例 OTRO EJEMPLO DE VISITA AL EXTRANJERO

El ejemplo arriba expuesto es un viaje con carta de invitación al titular; sin embargo, en la práctica existen casos con carta de invitación a una entidad, la cual a su vez envía un personal adecuado para un trabajo determinado. Casos así exigen enviar una carta de presentación a la embajada, aparte de la de invitación debida para el trámite de visa. Este presente ejemplo sirve para eso.

上述章节涉外访问的实例是邀请函发给应邀人本人的情况。但在实际工作中，还有将邀请发给单位，再由单位派遣合适人选进行合作的情况，这样在去外国驻中国大使馆办理签证手续时，除了要携带邀请函外，还需要携带单位的派遣函，下面就是这样的一个例子。

3.1 邀请函 CARTA DE INVITACIÓN

COMINPE S.A.

Lima, 26 de Enero de 2011

Señor Yan Ming
Gerente General
Beijing Digital Co.Ltd.
Presente.-

Estimados señores:

    Mi representada, COMINPE S.A., ha firmado una carta de intención (意向书) con el Departamento de Tacna de Perú para ejecutar el Proyecto de DESARROLLO DE ZONA FRANCA DE COMERCIO LIBRE CHINA-SUDAMERICANA. Para comenzar el proyecto, necesitamos hacer una planificación（做规划）y un reportaje（报道）con la finalidad de hacer difusión dando a conocer en qué consiste el mismo.

    Por tal motivo, con lo ya acordado, nos dirigimos a ustedes a fin de solicitarles el apoyo de su entidad e invitar a la señora Wang Ying, de nacionalidad china, identificada con Pasaporte G02913133, fecha de nacimiento 22 de diciembre de 1976, que viajará a Perú durante 3 meses a partir de febrero del presente año para ayudarnos en dicho trabajo.

    Cabe mencionar que todos los gastos derivados de este viaje serán cubiertos por nuestra empresa.

    Agradeceremos de antemano su gentil cooperación.

    Atentamente,

    Zhu Wu
    Gerente General
    COMINPE S.A.

III 走访事宜 DOCUMENTOS RESPECTO A UNA VISITA

参考译文:

致:北京数码有限公司总经理

尊敬的严明先生:

  本公司——科敏佩公司,为在塔科纳建设"中国—南美自由贸易区"项目,与秘鲁塔科纳省签定了项目意向书。项目启动时,需要做规划和制作一个报道片,以宣传项目内容。

  根据协议内容需要,希望能得到贵公司的支持,我们有意邀请贵单位王英女士(国籍:中国;护照号:G02913133;出生日期:1976年12月22日)前来秘鲁,对我们项目的工作提供帮助,工作时间暂定3个月,从2011年2月开始。

  需要说明的是,旅行费用的一切开支,均由我公司承担。

  对你们的热情合作深表感谢。

<u>总经理朱武</u>
科敏佩公司
2011-01-26 于利马

3.2 派遣函 CARTA DE PRESENTACIÓN A LA EMBAJADA

BEIJING, 03 de febrero de 2011

Señores
Embajada Peruana en China
Presente.-*

Estimados señores:

  Es grato dirigirnos a ustedes a fin de informarles que estamos trabajando en cooperación con COMINPE S.A. con sede en el Perú en la realización del proyecto de "DESARROLLO DE ZONA FRANCA DE COMERCIO LIBRE CHINA-SUDAMERICA." en el Departamento de Tacna.

  Conforme a lo acordado entre las dos empresas, estamos mandando a la señora Wang-Ying, de nacionalidad china, identificada con Pasaporte G02913133, fecha de nacimiento 22 de diciembre de 1976, quien viajará a Perú durante 3 meses (del mes de marzo a mayo del presente año), para ayudar a desarrollar las etapas de planificación y reportaje.

> Por tal motivo, apreciaremos su amable cooperación a fin de gestionar su respectiva visa de Negocios.
> Agradeceremos de antemano su gentil atención a la presente.
> Atentamente,
> 　　Yan Ming
> Gerente General
> Beijing Digital Ltd.

* Presente.- 本地

参考译文:

秘鲁驻中国大使馆

尊敬先生们:

我公司与秘鲁科敏佩公司,正在合作开发"中国—南美自由贸易区"项目。

根据双方公司商定的结果,现委派王英女士(国籍:中国;护照号:G02913133;出生日期:1976年12月22日),于2011年3月至5月前往秘鲁,对项目规划和制作宣传片方面进行协作。

特申办赴秘鲁商务签证,感谢您协助办理。

此致

严明签名
北京数码有限公司总经理
2011-02-03于北京

4 谢绝邀请实例 MODELO PARA DECLINAR INVITACIONES

A veces, por motivos personales o de fuerza mayor, no se puede cumplir el viaje tal como se esperaba. En consecuencia, el viaje programado deberá ser cancelado o postergado, materia del siguiente ejemplo.

有时,因不可抗力或个人原因,原定走访不能如期而行,或取消走访,或推迟走访,需要致函对情况进行说明,以下是这样的实例。

III 走访事宜 DOCUMENTOS RESPECTO A UNA VISITA

4.1 发邀方的邀请函 INVITACIÓN DE VISITA DE OTRA EMPRESA

Tacna, 13 de noviembre de 2010

Señor
Chipana
Presidente del directorio de COMINPE S.A.
Lima.-

De nuestra mayor consideración:

Mediante el presente, hago llegar a Usted el cordial saludo de nuestra institución, a la vez de comunicarle nuestro agradecimiento por su gentil visita a la Oficina de Representante de ZOTAC en la Ciudad de Lima, el pasado lunes 21 del presente.

Hemos sido informados de las operaciones comerciales que viene desarrollando su representada* en lo referente a importación de mercancía desde China a puertos peruanos, por lo cual mucho nos agradaría contar con vuestra (su) visita a las instalaciones de ZOTAC en la Ciudad de Tacna, a fin de poder darles a conocer in situ** las ventajas y beneficios que ofrecemos para las operaciones de comercio exterior en los Depósitos Francos*** de la institución.

Esperando poder recibirlos en fecha que estimen conveniente, hago propicia la oportunidad para expresarle mi especial consideración personal.

Atentamente,

LOMBARDI
PRESIDENTE DE DIRECTORIO

Carretera Panamericana Sur km. 1303. TACNA – PERÚ
TELF.(054) 0725050–0712691. FAX(054) 071575

说明：
* su representada: 贵公司
** in situ: en el mismo sitio 就地，实地
*** Franco 免付的，免税的: zonas francas 免税区; depósitos francos 免税仓库

参考译文：

科敏佩公司董事长 Chipana 先生：

  我公司向您表示热情的问候，同时，对您于本月 21 日（周一）对我 ZOTAC（商业特区）利马代表处的热情来访表示感谢。

  据悉，贵公司一直在开展从中国向秘鲁港口进口的商业工作，我们十分欢迎您能光临位于 TACNA 城的 ZOTAC 工作实地进行参观，以便在实地了解我们对国外商务运作提供的免税仓库的优越性，了解免费仓库的好处。

  恭候你们的到访。

  顺致个人的敬意。

  此致。

罗巴尔迪

董事长

4.2 谢绝邀请 COMUNICACIÓN DE DECLINAR UNA INVITACIÓN

COMINPE S.A.

Lima, 15 de noviembre de 2010

Señor
José Lopes Arguenlles
Presidente de Directorio
Zona de Tratamiento Especial
Comercial de Tacna - ZOTAC
Carretera Panamericana Sur km. 1303（南泛美公路1303公里处）
Tacna.-

       Referencia: oficio（文件）No. 386/00-PCA-ZOTAC

De mi mayor consideración:

  Por la presente me es grato saludarlo muy cordialmente y a la vez agradecerle su atenta comunicación de fecha 23 de octubre del año en curso, por medio de la cual me

III 走访事宜 DOCUMENTOS RESPECTO A UNA VISITA

invita a visitar las instalaciones de ZOTAC en la ciudad de TACNA.

Al respecto, deseo manifestarle que tengo sumo interés en conocer vuestras oficinas; sin embargo, lamento tener que informarle que debido a la ausencia de nuestro Gerente General, mis funciones se han recargado y por el momento no podré aceptar tan gentil invitación, quedando la misma pendiente para una fecha posterior.

Sin otro particular, aprovecho la oportunidad para saludarlo y quedar de usted,

Muy atentamente,

<u>Chipana</u>
Presidente del Directorio
　　COMINPE S.A.
CS/op.

参考译文：

尊敬的ZOTAC董事长先生：

首先对您表示热情的问候,您来函邀请我本人前往ZOTAC(商业特区)在塔克纳(TACNA)城的办公地,对此我表示十分的感谢。

拜访贵单位,我十分感兴趣。但遗憾的是,由于我公司总经理不在公司,而我身负重任,目前暂无法赴约,只能日后另行决定拜访日期。

谨此,顺致问候。

此致。

　　　　　　　　　　　　　　　　　科敏佩公司董事长奇帕纳签字

4.3 谢绝邀请另例 OTRO EJEMPLO DE DECLINAR UNA INVITACIÓN

　　　　　　　　　　COMINPE S.A.

Lima, 17 de julio del 2011

Señor
Fulano
Presidente del Directorio

> Cominpe S.A.
> Presente-
>
> Ref.: Su carta PDS00-033 del 07.07.2011
>
> De mi consideración:
>
>   Tengo el agrado de dirigirme a Ud. a efectos de expresarle mi agradecimiento por la gentil invitación que he recibido de su parte para visitar su centro de operaciones.
>
>   Al respecto le comunico que, en estos días, no me será factible realizar la visita, como hubiera sido mi deseo. En cuanto me sea posible efectuar este viaje, se lo haré saber.
>
>   Sin otro particular, hago propicia la oportunidad para expresarle los sentimientos de mi especial consideración.
>
>   Atentamente,
>
>   <u>Chipana</u>
>   Presidente del Directorio
>   COMINPE S.A.
>   CS/op.

参考译文：

尊敬的弗拉诺董事长：

    感谢您邀请我到贵单位走访。

    对此，需要向您说明的是，我近期无法如愿前往。待有可能的时候我再告知您。

    谨此，再一次表示对您的敬意。

                          科敏佩公司董事长奇帕纳签字

5 出关税务担保函 CARTA DE GARANTÍA DE IMPUESTO

    En algunos casos, se exige una carta de garantía de impuestos a la persona que está saliendo del país, la cual debe ser escrita por una entidad, presentada por el que viaja en la Aduana, con el fin de garantizar el posible impuesto que pueda suceder durante su ausencia en el país, de la que se da un ejemplo con el documento que sigue.

III 走访事宜 DOCUMENTOS RESPECTO A UNA VISITA

离境出关时,有时机场移民局会向出行的人索要税务担保,由单位担保被担保人不在期间可能出现的税务的支付问题,该函件应在出关时递交。

COMINPE S.A.

Lima, 21 de abril de 2011

Señor
Sub-Dirección de control Migratorio (移民局副局长——编者)
DIRMIN (Dirección Ministerial——编者)
Lima.

De nuestra consideración:

　　Nos es grato dirigirnos a usted, a solicitud de la Empresa Minera COMINPE S. A., para informarle de lo siguiente:

　　Con fecha 21 de abril de 2011, viajará a BEIJING la Señora X, con pasaporte No12345- C.E.N-54321

　　COMINPE S.A. garantiza cualquier pago de impuesto que hubiera durante su ausencia.

　　Agradeciéndole anticipadamente por la atención que se sirva dar a la presente, nos reiteramos de Ud.

　　Atentamente,
　　COMINPE S.A.
　　　　<u>Abrigo</u>
　　Relaciones Públicas

参考译文:

尊敬的移民局副局长:

　　科敏佩矿业公司向您提出申请,兹有我科敏佩公司X女士,将于2011年4月21日,前往北京,护照号为12345,外国人居住证号码为54321。

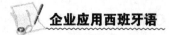

其缺席期间可能出现的一切税务款项,由我科敏佩公司承担。
谢谢关照。此致。

阿乌里戈
科敏佩公司公关科
2011-4-21 于本市

6 签证推荐信 CARTA DE RECOMENDACIÓN DE VISA

A veces, para facilitar el trámite del visado o visa, se requiere una carta de recomendación de una entidad o empresa que invita para remitirla a la Embajada de su país con el fin de dar una justificación de la visa que solicite. Éste es un ejemplo de carta que trata de esta cuestión, de una empresa española dirigida a la embajada de España en Perú, explicando la razón por la que solicita para su cliente una visa de TIPO SCHENGUEN.

为了便于办理签证手续,有时需要邀请单位给所属国大使馆书写推荐函件,以便说明需要办理签证的具体情况。这是一封西班牙某公司写给西班牙驻秘鲁大使馆的信函,信函说明了需要办理"申根签证"的理由。

Madrid, 24 de marzo de 2011

CONSULADO DE ESPAÑA EN PERÚ
Av. AVIACIÓN(San Isidro)
Lima 27
PERÚ
№FAX: 0003
Atn.: Cónsul de España en Perú
ASUNTO: VISADO PARA ESPAÑA (办理西班牙签证)

Muy Sr. Nuestro:
　　Por medio de la presente les rogamos conceder la visa para España a los Sr.X, con № de Pasaporte 123 y fecha de nacimiento 11 de Octubre de 1969 y Sr.Y, con № de Pasaporte 234 Y y fecha de nacimiento 9 de Marzo de 1966, pertenecientes a la Compañía COMINPE S.A. Dichas personas han sido invitadas por nuestra UNION TEMPORAL DE EMPRESAS (UTE), debido a la contratación que estamos

III 走访事宜　DOCUMENTOS RESPECTO A UNA VISITA

negociando con ellos para un proyecto por un importe de 2.000.000 de dólares.

　　Dada la invitación que les hemos ofrecido para que visiten nuestras instalaciones de Lurgi Metallurgie en Frankfurt (Alemania), les rogamos les concedan visado TIPO SCHENGUEN, con el fin de que puedan viajar de España a Alemania sin tener inconvenientes con la visa, ya que según nos han informado, este tipo de visado es válido para viajar dentro de los países pertenecientes a la UE. (Unión Europea 欧盟——编者)

　　Esperando les autoricen las visas correspondientes a la mayor brevedad posible, aprovechamos la ocasión para saludarle,

　　Muy atentamente,
　　　　Pablo
　　Gerente de la UTE

参考译文：

尊敬的领事先生：

　　今去函请求您给科敏佩公司的X和Y先生办理签证。

　　X先生护照号123，出生日期1969/10/11；

　　Y先生护照号234，出生日期1966/03/09；

　　上述人员是受我UTE临时联合体邀请来访的，我们之间正在洽谈一个项目，项目涉及金额约为2百万美元。

　　据悉，申根签证在欧盟国家均能生效，鉴于我们需要邀请他们参观位于德国法兰克福的鲁齐公司，为了方便去德国，恳请您给他们办理申根签证。

　　望您早日批准。顺致问候。

　　此致。

联合体项目经理帕波罗
2011-03-24

7 访问用语 TÉRMINOS USADOS EN LOS ASUNTOS DE VISITA

viaje 旅行,走访,外出,出行	
viaje vía aérea	航空旅行
viaje vía marítima	海路旅行,坐船旅行
viaje vía terrestre	陆路旅行,坐车旅行
visita	访问,走访,参观
visita de trabajo (por motivo de trabajo)	出差
efectuar visita; visitar; hacer viaje	进行访问,走访,参观
visitante	走访人,来访人
formato de orden de viaje 出差令表格用语	
que rellena en el trámite de solicitud	办理申请走访手续时填写
hacer trámite	办理手续
aprobado por:	审批人
clase de viaje	差旅级别
clasificación	(出差人)级别
documento de identidad	身份证件
itinerario	行程路线
nacionalidad	国籍
№ de boletos de transporte	车票、机票数量
objeto del viaje	出差原因
orden de viaje	出差令
persona autorizada para viajar	获准出差人
reembolsos permisibles	可返还数额
solicitado por:	申请人
tarifa completa	全价
media tarifa	半价
tipo de gastos autorizados por la empresa	获准消费级别
transportador (a tierra, por avión)	交通工具(陆路,航空)
viaje en avión de la empresa	乘公司飞机差旅
nota: adjúntese el original de esta orden de viaje a la cuenta de gastos para reclamar	注:请将此原件附在费用核销单后面,以便核销。
cuenta de gastos 费用核销单用语	
adjuntar aporl duplicado	附复印件
agasajos	招待费

III 走访事宜　DOCUMENTOS RESPECTO A UNA VISITA

cálculos V°B°	经审批同意报销费用
comidas	餐费,伙食费
deducir	扣除
descripción (del uso)	用途说明
devolución de cuenta	还款
distribuido por	经手人
efectivo recibido de la empresa	收到公司现金
firma del aprobado	审批人签字
firma del empleado	员工签字
gasto neto pagado por el empleado	员工实际支付
gasto total	消费共计
la presente cuenta es un reporte exacto de los gastos incurridos en viaje a:Madríd	本报账是到马德里出差发生的确切费用
liquidación de cuenta	结算账款
rendir la cuenta	账目报销
rev. julio 2010 (rev.: revisión)	本规定于2010年7月修订
saldo a favor del empleado (o empresa)	多退少补金额
sólo para uso del Dpto. de Contabilidad	此处由会计科填写
suma	金额
tramitar	办理手续
trámite de viaje	出差手续
transporte	交通费
viático	差旅费
ver instrucciones de preparación	见填表须知
tomar avión 乘机	
2 escalas	中途两次降落
aeromosa	空中小姐
asiento	(机票)座位
clase de pasaje	机票等级
compañía aérea	航空公司
confirmar su vuelo	确认机票
escala	中途停机
feliz viaje	旅途顺利,旅途愉快
impuesto de aeropuerto	机场费
impuesto de salida	机场费
itinerario	行程路线
número del vuelo	航班号

pasaje aéreo	机票
pasaje de clase económica	经济舱机票
pasaje de excursión de 40 días	40天期限的往返机票
pasaje de ida y vuelta	往返机票，双程机票
pasaje de negocio（ejecutivo）	商务舱机票
pasaje de primera clase	头等舱机票
pasaje de reserva	预订的票
pasaje ejecutivo	公务舱机票
reconfirmar su vuelo	再次、重新确认机票
sala de espera	候机室
sin escala	直航(中途不降落)
tarjeta de embarque	登机牌
puerta de embarque	登机口
vuelo de ida	去程航班
vuelo de retorno	返程航班
vuelo de ida y vuelta	往返航班
vuelos internacionales	国际航班
vuelos nacionales	国内航班
visa 签证	
carnet de extranjería	外国人居住证(卡)
gestionar el trámite de la visa	办签证手续
pasaporte	护照
pasaporte y documento	护照及证件
permiso de visa	获准签证
tramitar la visa	办签证
visa de 30 días	30天期限签证
visa de entrada	入境签证
visa de negocio	商务签证
visa de no inmigrante residente	非移民签证
visa de tipo SCHENGUEN	申根签证
visa de turista	旅游签证
visa de visitante	访问签证
visa residente	居住签证
visa transeúnte	过境签证
visa tránsito	过境签证
visa turística	旅游签证
visado	办签证

IV 庆典事宜
CELEBRACIONES Y FIESTAS

Dentro del trabajo administrativo empresarial tiene lugar el de los asuntos en torno de las fiestas, lo cual se va a presentar dividido en dos partes:

La primera está relacionada con los trabajos previos a disponer antes de una Fiesta, incluida la Decoración Navideña; Pedido de Tarjetas y Presentes de Navidad; Aviso de Descanso; Aviso de Cambio de Horario en el Comedor; Comunicado Por Motivo De Seguridad, etc.

La segunda son mensajes en diferentes circunstancias festivales, tales como Mensaje con Motivo de Navidad y el Año Nuevo; Mensaje de Año Nuevo; Mensaje de Navidad; Mensaje del Día Patria; Palabras Para Iniciar una Presentación artística, entre otros.

本部分材料介绍的是有关节日及庆典活动的工作，这也是企业管理常遇到的具体工作。本部分资料共分两部分：

第一部分是节庆前要安排的准备工作，例如：圣诞节环境布置、购置圣诞贺卡及礼品的安排、放假通知、节日期间用餐时间的通知、注意节日安全的告示等。

第二部分是几个节日和庆典活动的演讲实例，其中有：圣诞、新年贺辞，新年祝酒词，国庆致辞，文艺演出前的讲话等。

1 节庆前准备工作 TRABAJOS PREPARATIVOS DE UNA FIESTA

1.1 圣诞节环境布置 DECORACIÓN NAVIDEÑA

CONINPE S.A.
MEMORANDUM CORRESPONDENCIA INTERNA

A	: Manuel DEPARTAMENTO RR.PP.	**FECHA**：	
DE	: Pablo GERENCIA ADMINISTRATIVA	**ARCHIVO** № :	
ASUNTO	: DECORACION NAVIDEÑA	**COPIA**：	
No	:		
REF.	:		

Estando próximas las Fiestas (de) Navidades, sírvase disponer, se acondicione la decoración de las áreas que se detallan a continuación, con motivos alusivos* a esta festividad.

● Recepción del primer piso.

● Sala de Directorio.

● Halls (vestíbulos) de cada uno de los pisos.

Atentamente,

　　　　　PABLO
GERENCIA ADMINISTRATIVA
PAC/ed

* con motivos alusivos (o concernientes, relacionados con) a esta festividad.

参考译文：

行政部经理帕波罗，就圣诞装饰问题致公关科科长马努埃尔

圣诞将至，请安排下列地点的圣诞节装饰工作：

☆ 一楼接待大厅

☆ 董事会大厅

☆ 各楼层门厅

IV 庆典事宜 CELEBRACIONES Y FIESTAS

1.2 上报圣诞礼品需求的通知 PEDIDO DE PRESENTES DE NAVIDAD

COMINPE S.A.
MEMORANDUM CORRESPONDENCIA INTERNA

A	: Distribución*	FECHA:	
DE	: DEPARTAMENTO RR. PP.	ARCHIVO №:	
ASUNTO	: PRESENTES NAVIDAD	COPIA:	
№	: RPL10-231		

Estando próximas las Fiestas Navideñas y siendo costumbre enviar en representación de "COMINPE S.A.A." presentes con motivo de esta festividad, agradeceré alcanzar a esta Jefatura, con aprobación de su Gerencia de Área, la lista de las personas que a su consideración deban recibir presentes. Esta deberá incluir lo siguiente:

1. Nombre completo
2. Cargo
3. Entidad a la que pertenece
4. Dirección completa
5. Número de teléfono

De igual manera, en columna aparte, calificar la importancia de la persona.

Apreciaré remitir lo solicitado a más tardar el día viernes 5 de diciembre. Las listas recepcionadas después de la fecha límite no se tomarán en cuenta.

Atentamente,

　　　Pablo
JEFE DPTO. RR PP
PAC/ed
Distribución: Gerencias

说明：
*Distribución: 如果在主送位置发现这个单词，就要到文件下方寻找主送对象（人员或部门）。

大意说明：

圣诞、元旦前，经营部（GERENCIA DE GESTIÓN）向下属各经理部下发文件，统计需要节日礼品数量及收集馈赠对方的信息资料。

1.3 统计圣诞贺卡需求 ADQUISICIÓN DE TARJETAS NAVIDEÑAS

COMINPE S.A.
MEMORANDUM CORRESPONDENCIA INTERNA

A	: Distribución	**FECHA**:
DE	: DEPARTAMENTO RR.PP.	**ARCHIVO №**:
ASUNTO	: ADQUISICIOÓN TARJETAS NAVIDAD	**COPIA**:
№	: RPL10-232	

Estando próximas las Fiestas Navideñas y siendo costumbre enviar en representación de "COMINPE S.A.A." tarjetas de saludo alusivos a esta festividad, sírvase alcanzar a esta Jefatura el número de tarjetas que su área requiere.

Asimismo, se recuerda que la relación de destinatarios y la cantidad de tarjetas, deberá contar con la aprobación del Gerente de Área, bajo su responsabilidad.

En la unidad de Lima, el pedido se canalizará a través de la Jefatura de Servicios, Sr. Llave Mostacero.

Atentamente,

<u>JOSE</u>
JEFE DPTO. RR. PP.
BJC/ed
Distribución: Gerencias

大意说明：

圣诞、元旦前，公关部领导（JEFE DEL DEPARTAMENTO DE RELACIONES PÚBLICAS）向各经理部下发文件，统计节日礼品需求数量。

IV 庆典事宜 CELEBRACIONES Y FIESTAS

1.4 购置圣诞物品 ADQUISICIÓN DE ARTÍCULOS DE NAVIDAD

COMINPE S.A.
MEMORANDUM CORRESPONDENCIA INTERNA

A	: **JOSÉ**	FECHA:	
	JEFE DPTO. RR.PP.		
DE	: **ANTONIO**	ARCHIVO №:	
	GERENCIA GESTIÓN		
ASUNTO	: ADQUISICIÓN TARJETAS NAVIDEÑAS	COPIA:	
№	:		
REF.	: RPL10-331 y 332		

Conforme a lo solicitado en el memorándum en referencia, adjunto sírvase encontrar la relación de tarjetas y presentes de Navidad a distribuir con cargo a Gerencia de Gestión, las mismas que totalizan:

☆ 52 tarjetas,

☆ 5 regalos tipo "A",

☆ 18 regalos tipo "B".

Atentamente,

　　ANTONIO
GERENTE DE GESTIÓN
BAC/ed

参考译文：

　　经营部经理安东尼奥，就RPL10-331 y 332文件涉及事宜，回复公关科何塞。
　　根据要求，现提供经营部圣诞节所需贺卡及礼品清单，清单共计包括：52张贺卡、A类礼品5件、B类礼品18件。

1.5 放假通知 AVISO DE DESCANSO POR MOTIVO DE FIESTA

COMINPE S.A.

MEMORANDUM   CORRESPONDENCIA   INTERNA

A	: JEFE DE DEPARTAMENTO Y SECCIÓN	FECHA:
DE	: JEFE DPTO. RR.II.	ARCHIVO №:
ASUNTO	: FERIADO: 10 DE ENERO DE 2010	COPIA:
	AÑO NUEVO	
№	:	
REF.	:	

Hacemos de su conocimiento que el viernes 10 de enero de 2010, feriado por AÑO NUEVO, se efectuará en la misma fecha.

El personal que Uds. designan para trabajar ese día, recibirá una remuneración adicional de 2 jornales básicos o 2/25 avos. del sueldo básico.*

El personal de Servicio Continuado e Ininterrumpido** tiene la obligación de asistir al trabajo, abonándosele la compensación arriba establecida.

Atentamente,

　　<u>FULANO</u>
JEFE DPTO. RR.II.***
CBA/ds

说明：

* remuneración adicional de 2 jornales básicos o 2/25 avos. del sueldo básico 加班费是基本工资的2倍或2.25倍。(每个公司情况不同，同一公司的各工会协议条款也不同) avos 是分数的词尾，这里读作 dos veinticincoavos。

** El personal de Servicio Continuado e Ininterrumpido 指上连班工种的人员。

*** DPTO. RR.II. 工业关系部，国情不一样，外企是该部门负责这类工作。JEFE DPTO. RR.II. 可翻译为工业关系"部部长"也可翻译为"科科长"，取决于公司机构名称的选择。

IV 庆典事宜　CELEBRACIONES Y FIESTAS

参考译文：

工业关系部/科，就2010年元旦放假事宜，致各科室通知

现通知，2010年1月1日（周五）元旦休假一日。

届时各部门需要上班的人员，将另外领取基本工资的2倍或2.25倍的加班补贴。连班工种的人员务必上班，并领取上述加班补贴。

此致

工业关系部部长/科科长

1.6 用餐时间通知 AVISO DE CAMBIO DE HORARIO EN EL COMEDOR

COMINPE S.A.A.

FECHA: 27 Septiembre 2010

SEÑORES PENSIONISTAS(用餐人员)：

AGRADECEREMOS A USTEDES TOMAR NOTA QUE POR RAZONES, DE SERVICIO, DURANTE LOS DÍAS 30 DE SEPTIEMBRE, 1 Y 2 DE OCTUBRE LA ATENCIÓN EN EL COMEDOR SERÁ COMO SIGUE:

DÍA 30 DE SEPTIEMBRE
- DESAYUNO:　　　　HORARIO NORMAL （正常开饭时间）
- ALMUERZO:　　　　HORARIO NORMAL
- CENA:　　　　　　DE 5:00 A 6:00 PM.

DÍA 1 DE OCTUBRE
- DESAYUNO:　　　　HORARIO NORMAL
- ALMUERZO:　　　　DE 12:00 M. A 12:30 PM.
- CENA:　　　　　　DE 5:00 A 6:00 PM.

DÍA 2 DE OCTUBRE
- DESAYUNO:　　　　HORARIO NORMAL
- ALMUERZO:　　　　DE 12:00 M. A 12:30 PM.
- CENA:　　　　　　DE 5:00 A 6:00 PM.

> DESDE YA*, ESTAMOS AGRADECIDOS POR SU COMPRENSIÓN EN EL CUMPLIMIENTO DE LOS HORARIOS ESTABLECIDOS.
>
> **LA GERENGA DE ADMINISTRACIÓN**

说明：
*DESDE YA: desde ahora mismo, desde este momento

大意说明：

国庆节假期期间餐厅用餐时间有所变更，以上是公司行政部门在9月27日对变更时间的通知，请大家注意，并对大家给予的理解表示感谢。

1.7 安全告示 COMUNICADO POR MOTIVO DE SEGURIDAD

> ## COMUNICADO
>
> **A LOS SEÑORES TRABAJADORES Y FAMILIARES**
>
> Se pone en conocimiento de los señores trabajadores y familiares, que en virtud de haberse observado actos delictivos en la localidad, la Empresa a través del Departamento de Seguridad Interna, ha coordinado con las Autoridades del Distrito (Policía Nacional y Gobernación) las medidas necesarias para evitar que situaciones como las que se han presentado afecten al personal de la empresa y sus familiares.
>
> Para tal fin, se ha implementado un Plan de Seguridad que tendrá vigencia durante los meses de diciembre de 2009 y enero de 2010, el cual comprende un conjunto de medidas de vigilancia, control en garitas y en las áreas de trabajo.
>
> Por lo expuesto, se solicita la colaboración de todo el personal de la Empresa en resguardo de su propia seguridad.
>
> TACNA, 11 de diciembre de 2010
> RELACIONES PÚBLICAS

IV 庆典事宜 CELEBRACIONES Y FIESTAS

致广大员工及家属

由于本地区曾有犯罪活动发生,为避免类似事件对公司员工及家属造成伤害,公司通过内部安全部与地区政府机构(国家警察和地区政府)沟通,拟定了必要措施,特此通告广大员工和家属。

为此,本公司制定了"安全计划",计划执行期为2009年12月到2010年1月。该计划包括一整套警卫措施、警卫室和工作现场的监控。

为此,请公司全体员工注意个人安全,予以工作上的配合。

塔克纳
2010年12月11日
公关部

2 节庆讲话 MENSAJE CON MOTIVO DE UNA FIESTA

2.1 圣诞新年贺辞 MENSAJE CON MOTIVO DE NAVIDAD Y EL AÑO NUEVO

**MENSAJE DEL DIRECTORIO Y GERENCIA GENERAL
DE COMINPE S.A.A.
A TODOS LOS TRABAJADORES**

CON MOTIVO DE LA NAVIDAD Y EL AÑO NUEVO

Es grato dirigirme a los señores trabajadores y sus familiares, en nombre del directorio y el mío propio, para expresarles mis afectuosos saludos con motivo del advenimiento de dos importantes festividades, como son la Navidad y el Año Nuevo.

La Navidad, fiesta de amor y paz y el año venidero, una nueva etapa de esperanza y superación. Ambas fechas son propicias para hacer un balance del cambio recorrido, imbuidas (充满) de la necesaria motivación por ser cada vez mejores.

En lo que respecta a la marcha de la Empresa en el presente año, puedo decirles que se alcanzaron, con gran esfuerzo de nosotros, las metas de producción y de gestión.

Todo tiempo nuevo abriga perspectivas y esperanza. Para nuestra empresa, 2010 se presenta con buenas posibilidades; se continuará con las inversiones que nos permitirán seguir aumentando nuestra capacidad productiva y mejorar la calidad de los productos que elaboramos, lo cual tiene que estar respaldado con trabajo eficente, creatividad, reducción de costos y con el pleno convencimiento de que lo que es bueno para la empresa lo es también para el conjunto de sus trabajadores.

  Vaya para todos ustedes y sus familiares un caluroso y cordial abrazo en esta Navidad, deseándoles ventura, paz y prosperidad en el Nuevo Año, y a la par mostrar mi sincera gratitud por su valioso aporte que contribuirá a forjar mejor la empresa.

  ¡Feliz Navidad y próspero Año Nuevo!

Gerente General
Tacna, Diciembre de 2009.

参考译文：

COMINPE公司董事会和总经理办公室向全体员工
圣诞、新年双节致辞

  今天我很荣幸，谨代表公司董事会及我个人，对即将到来的圣诞和新年这两个重要节日，向广大员工及家属致以亲切的问候。

  圣诞，是充满爱与和平的节日；新年，代表着一个充满希望和超越的新时期。为了把工作做得更好，这两个节日是很好的契机，是对已取得的变化进行总结的一个契机，也是下一步充满生机的契机。

  我可以肯定地告诉大家，公司今年的工作，由于我们大家的努力，已经实现了我们的生产计划和经营的目标。

  所有的新时期，都充满着美好的前景和希望。我们公司在2010年度又出现了新的契机。不断地投资将有利于我们提高生产能力，改善产品质量，这些都依赖于高效的工作、创新能力、成本的缩减，公司与员工都要坚信，这一切能使公司和全体员工双赢。

  在这个圣诞节，请允许我给大家、给你们的家属一个热情的拥抱，祝愿你们新年好运、平安、恭喜发财！在新年之际，向那些为公司发展做出宝贵贡献的员工和家人致以最真挚的谢意。

  祝大家圣诞快乐，新年鸿运！

总经理
2009年12月
于塔克纳

IV 庆典事宜 CELEBRACIONES Y FIESTAS

2.2 新年祝酒词 DISCURSO PARA EL BRINDIS DE AÑO NUEVO

DISCURSO DE AÑO NUEVO

Damas y Caballeros:

Tengo mucho gusto de ser invitado a esta fiesta de Año Nuevo. Les agradezco mucho en nombre mío y del personal chino.

El año de 2009 que termina, fue el primer año para la Compañía. En este año hemos logrado muchos éxitos previstos.

Por tal motivo, expreso mi respeto a todos ustedes, señores funcionarios(西方国家企业里，等级森严，官员、职员、工人有严格的界定，这里指官员，即干部——编者), a (en) nombre del Directorio, reciban una felicitación especial.

También un reconocimiento especial a los familiares de los funcionarios por el valioso apoyo que brindan.

Deseo que nos esforcemos más en nuestro trabajo durante el nuevo año que comienza, para alcanzar un futuro mucho mejor.

Alzo mi copa para felicitarlos (举杯祝福):

- por la prosperidad del país de Perú
- por el desarrollo de Nuestra Empresa
- por la amistad entre el pueblo chino y peruano
- por el triunfo de Nuestra Corporación, y al mismo tiempo,
- por la felicidad y la alegría de todos los presentes,

¡Salud! (干杯！)

参考译文：

新年祝酒词

女士们、先生们：

很荣幸被邀请到这个新年晚会，我谨代表自己、代表中国员工向大家表示感谢。

结束的2009年，是公司的第一个年头。在这一年里，我们在很多方面取得了预想的成果。

为此，我本人向在场的各位，表达我的敬意。各位干部先生们，我谨代表董事会，向你们表示特殊的祝贺。

同时也要向你们的家属表示祝贺，他们支持我们的工作，作出了宝贵的贡献。

希望我们能够在接下来的一年里,更加努力地工作,争取更美好的未来。

在这里,我举杯向你们祝福,为秘鲁的繁荣,为我们公司的发展,为中秘两国人民的友谊,为我们合作的胜利,为了在场各位的幸福快乐

干杯!

2.3 圣诞贺辞 MENSAJE DE LA NAVIDAD

MENSAJE* DE LA GERENCIA DE OPERACIÓN

Señores Trabajadores:

Con motivo de la proximidad de dos fechas tan especiales, como son la Navidad y el Año Nuevo, deseo hacer llegar a todos ustedes un afectuoso y sincero saludo.

Que esta Nochebuena, signifique intimidad familiar, unión y sobre todo, esperanza.

Que 2011, sea portador de sabias decisiones, que conlleven a plasmar nuestro legítimo derecho a la superación personal y a mejores niveles de vida para nuestros seres queridos.

Cordialmente,**

GERENTE DE OPERACIÓN

说明:
* * mensaje, palabras, 贺辞、致辞
* ** 也可用 afectuosamente

运营经理部圣诞贺辞

员工先生们:

值此圣诞和新年两个特殊节日来临之际,向大家致以最热情、最真诚的问候。

祝愿大家平安夜——象平安夜的含义那样——家庭和睦、团结,尤其祝愿大家充满了期望。

祝愿2011年能作出更多英明的决策,祝愿这些决策能体现在我们的合法权益上;祝愿个人能有所突破,祝愿我们所爱的人能获得更高的生活水平。

2011年,我们做了许多,这些都有利于我们亲近的人建立有利于个人发展和提高其生活水平的适宜法规。

致以诚挚的问候。

运营经理部

IV 庆典事宜 CELEBRACIONES Y FIESTAS

2.4 国庆致辞 MENSAJE DEL DÍA NACIONAL

**MENSAJE DEL GERENTE GENERAL DE COMINPE S.A.
A TODOS LOS TRABAJADORES**

CON MOTIVO DE ANIVERSARIO DE LA INDEPENDENCIA DEL PERÚ

Señoras, Señores, estimados trabajadores:

Ante todo, quisiera expresar que me es un gran placer dirigirme a todos ustedes en nombre del directorio y gerencia general, con el fin de mandarles un cordial saludo en este espléndido momento del festejo del Aniversario de la Independencia Nacional de Perú.

Es conocido por todos que Perú es una nación de larga historia y cuyo pueblo se caracteriza por ser honrado y trabajador. Con el transcurso del tiempo ha alcanzado el país un considerable progreso económico y social, a través de los esfuerzos conjuntos del Estado y del Pueblo.

Igual que Perú, COMINPE S.A., con el apoyo y colaboración del gobierno peruano y de todos los empleados, en un corto período llegó a conseguir un gran desarrollo con los eficientes aportes de todos ustedes a una empresa al borde de la bancarrota. La producción y los ingresos por ventas también han logrado un gran aumento en comparación con el año pasado. Consecuentemente, el nivel de ingreso personal de los trabajadores de nuestra empresa ha subido considerablemente. En definitiva, nos dirigimos hacia una situación empresarial y económica más optimista.

Estamos seguros de que nuestra compañía alcanzará una meta de mayor categoría en un futuro no muy lejano, por supuesto, contando con el esfuerzo de todos y cada uno de nosotros, siendo ésta la mejor manera de contribuir aún más al desarrollo del país.

Aprovecho esta oportunidad para hacer votos por el país y desearle un futuro más próspero, una vida mejor al pueblo, una amistad eterna entre los dos países, y finalmente, más éxitos para COMINPE S.A..

Tacna, 25 de diciembre de 2009
Gerente General

参考译文：

贺秘鲁独立周年纪念日
科敏佩公司总经理向全体员工的致辞

女士们、先生们、尊敬的各位员工：

值此秘鲁国家独立纪念日之际，我首先要表示的是，很荣幸能代表科敏佩公司董事会和总经理办，向各位表示最热情的问候。

众所周知，秘鲁国家历史悠久，人民勤劳朴实。随着时间的推移，在国家和人民的共同努力下，秘鲁取得了世界瞩目的经济和社会的进步。

如同秘鲁国家一样，科敏佩公司，在秘鲁政府和全体员工的共同协作下，在很短的时间内，诸位作出了卓有成效的贡献，在全体员工的努力下，公司在濒临破产的情况下，得到了发展壮大。销售收入与去年相比，得到了很大提高。随之，员工的收入水平也得到了显著的提高。总之，公司和公司的经济前景是很乐观的。

我们坚信，公司在不久的将来，一定会更上一层楼。当然，这离不开我们大家的努力。与此同时，我们也将为秘鲁国家的发展作出更大的贡献。

借此机会，祝愿秘鲁国家繁荣昌盛，祝愿秘鲁人民生活美好，祝愿中秘两国人民友谊长存。最后，祝科敏佩公司取得更辉煌的成绩。

总经理

2009年12月25日

于塔克纳

2.5 演出讲话 PALABRAS ANTES DE UNA PRESENTACIÓN ARTÍSTICA

Damas y caballeros

Distinguida Concurrencia (la gente que está reunida allí)

Todos los presentes:

¡Muy buenas noches! Me siento muy feliz por poder estar junto con ustedes en una fecha tan especial para la comunidad iqueña (de ICA).

Hoy día se ha puesto en escena la Obra "LA CANTATA AL SEÑOR DE SIPÁN"*, que pertenece al Sr. Edgard Dande, interpretada por el grupo Huellas y Voces, que describe la grandeza de los antiguos peruanos. Como es conocimiento de todos esta Obra es patrocinada por el Museo de Bruning, cuya sede se encuentra en el departamento de Lambayeque, tierra donde

IV 庆典事宜　CELEBRACIONES Y FIESTAS

vivió y gobernó el Gran Señor de Sipán. Esta prestigiosa composición literaria ha dado la vuelta al mundo prestigiando al Perú. Con la puesta en escena de la cual se da inicio a las celebraciones del VIII Aniversario de la Policía Nacional, lo que sin lugar a dudas, será un gran aporte cultural para la Colectividad iqueña.

A nombre de mi representada**, quiero aprovechar esta oportunidad para expresar nuestro sincero agradecimiento al General Quezada, jefe de la IX Región de la Policía Nacional y en suma, a toda la Policía Nacional de Perú, por brindar a nuestra empresa la oportunidad de auspiciar esta preciosa Obra. Asimismo, agradecer a todas las diversas autoridades de la provincia de Ica quienes nos han brindado cordial apoyo en nuestro trabajo desde el primer día que llegamos.

Cominpe S.A.A. es una organización minera dedicada a la producción y comercialización de hierro, la cual a la par de su desarrollo seguirá contribuyendo al progreso de la Región Wari.

Hacemos votos que la provincia Ica sea como su país: cada vez más próspera, que la Policía Nacional siga cumpliendo su rol tutelar en la sociedad y que todos los peruanos puedan alcanzar, en corto plazo, un futuro más venturoso.

Muchas gracias.

说明：

* 西班王（SEÑOR DE SIPÁN）：是公元3世纪秘鲁西班国国王，秘鲁博物馆展有西班王墓。西班王墓坑出土时发现了很多金银宝石饰品，西班王右手握着象征最高权力的刀形权杖，饰品里有由20颗分别用黄金和白银制作的花生连接而成的项链，用黄金和白银制作的腰刀，还有黄金和绿松石打造的大耳环等。

** A nombre de mi representada：以公司的名义；代表公司

参考译文：

女士们、先生们、尊贵的观众们、在场的各位：

晚上好！今天，对于伊卡地区来说，是一个特殊的庆典日，这样的日子里能和大家在这里齐聚一堂，我感到很荣幸。

今天，上映了爱德华多·丹得先生的作品《歌唱西班王》，由印迹声音团队表演，作品表现的是伟大的秘鲁祖先。众所周知，该作品由拉马耶基（Lamayeque）省的布鲁宁（Bruning）博物馆赞助，即西班王曾经生活并统治过的那片土地。该作品已经代表秘鲁在全球进行过巡演，并为秘鲁赢得了声望。这个作品的上演，拉开了国家警察成立8周年庆典的序幕。毫无疑问，这将为伊卡全体人民作出一个伟大的文化贡献。

借此机会，我代表我们公司，向秘鲁国家警察表达最诚挚的敬意，向9区国家警察长官，

凯萨达(Quezada)将军表示感谢,感谢他给我们提供了赞助作品演出的机会;同时,也要感谢伊卡(ICA)省政府各机构,感谢他们从我们到这里的第一天开始,对我们的工作所给予的帮助。

科敏佩公司是一个致力于铁矿生产及销售的矿业公司,公司在发展自身的同时,也在为互里(WARI)地区的发展做出贡献。

我们祝愿伊卡(ICA)省,像国家一样,日益繁荣昌盛;祝愿国家警察继续履行社会职责;祝愿秘鲁人民,在短期内实现美好的未来。

非常感谢。

2.6 母亲节邮件 MENSAJE CON MOTIVO DEL DÍA DE LA MADRE

Asunto: Feliz día de la Madre

MI QUERIDA GLORIA:
RECORDÁNDOTE EN ESTE DÍA TAN ESPECIAL , TE HAGO LLEGAR MI SALUDO CON MUCHO CARIÑO, A TRAVÉS DE UN CÁLIDO ABRAZO. QUE LO PASES MUY BONITO.

SONIA

参考译文:

主题:母亲节快乐
亲爱的格罗里亚:
在这个特殊的节日想念你,向你表示热情的问候,紧紧地拥抱你,祝你节日愉快。

索尼娅

3 结婚纪念日、星座、属相 BODAS, SIGNOS DE HORÓSCOPO Y DE ANIMALES

No sólo con motivo de fiestas, sino también de los cumpleaños, aniversarios de bodas de las personas importantes para la empresa, es una buena oportunidad de desarrollar las relaciones y expresar sentimientos como extender saludos oportunos; para tal fin se está presentando en dos idiomas-en chino y en español- los nombres de los aniversarios matrimoniales, signos de horóscopo y de animales.

IV 庆典事宜 CELEBRACIONES Y FIESTAS

除了节庆的问候外,了解对方重要人物的生日、结婚纪念日等,适时地进行问候,也是公司发展人际关系、联络感情的一个很好的契机,这里西汉对照地介绍了婚礼纪念日、星座及属相的名称。

结婚纪念日　Nombre de aniversarios de enlaces matrimoniales

1. AÑO BODAS DE PAPEL　　　　　　纸婚
2. AÑOS BODAS DE ALGODÓN　　　　棉婚
3. AÑOS BODAS DE CUERO　　　　　皮婚
4. AÑOS BODAS DE FLORES　　　　　花婚
5. AÑOS BODAS DE MADERA　　　　　木婚
6. AÑOS BODAS DE HIERRO　　　　　铁婚
7. AÑOS BODAS DE LANA　　　　　　羊毛婚
8. AÑOS BODAS DE BRONCE　　　　　青铜婚
9. AÑOS BODAS DE CERÁMICA　　　　陶瓷婚
10. AÑOS BODAS DE HOJALATA　　　　白铁婚
11. AÑOS BODAS DE MUSELINA　　　　布婚
12. AÑOS BODAS DE SEDA　　　　　　丝婚
13. AÑOS BODAS DE ENCAJE　　　　　花边婚
14. AÑOS BODAS DE MARFIL　　　　　象牙婚
15. AÑOS BODAS DE CRISTAL　　　　　水晶婚
16. AÑOS BODAS DE CAÑA　　　　　　甘蔗婚
17. AÑOS BODAS DE MIMBRE　　　　　柳条婚
18. AÑOS BODAS DE VINO　　　　　　果酒婚
19. AÑOS BODAS DE TRIGO　　　　　　小麦婚
20. AÑOS BODAS DE PORCELANA　　　搪瓷婚
21. AÑOS BODAS DE ACERO　　　　　钢婚
22. AÑOS BODAS DE COBRE　　　　　黄铜婚
23. AÑOS BODAS DE ALUMINIO　　　　铝婚
24. AÑOS BODAS DE CELULOIDE　　　赛璐珞婚
25. AÑOS BODAS DE PLATA　　　　　银婚
26. AÑOS BODAS DE AGUA MARINA　　海水婚
27. AÑOS BODAS DE CROMO　　　　　铬婚
28. AÑOS BODAS DE FRUTAS　　　　　水果婚
29. AÑOS BODAS DE ESTAÑO　　　　　锡婚
30. AÑOS BODAS DE PERLA　　　　　珍珠婚
35. AÑOS BODAS DE CORAL　　　　　珊瑚婚

40. AÑOS BODAS DE RUBÍ 红宝石婚
45. AÑOS BODAS DE ZAFIRO 蓝宝石婚
50. AÑOS BODAS DE ORO 金婚
55. AÑOS BODAS DE ESMERALDA 绿宝石婚
60. AÑOS BODAS DE DIAMANTE 钻石婚
65. AÑOS BODAS DE PLATINO 白金(铂)婚
70. AÑOS BODAS DE BRILLANTE 闪光钻婚

十二星座　doce signos del zodiaco

星相	日期/月份 (fecha/mes)	Signos de horóscopo
射手座	(24/11—21/12)	sagitario
摩羯座	(22/12—20/01)	capricornio
水瓶座	(21/01—19/02)	aquario/acuario
双鱼座	(20/02—20/03)	pisces/piscis
牧羊座	(21/03—20/04)	aries
金牛座	(21/04—21/05)	tauro
双子座	(22/05—21/06)	géminis
巨蟹座	(22/06—21/07)	cáncer
狮子座	(22/07—23/08)	leo
处女座	(24/08—23/09)	virgo
天秤座	(24/09—23/10)	libra
天蝎座	(24/10—23/11)	escorpión/escorpio

十二属相　doce signos de animales

子鼠	ratón	午马	caballo
丑牛	vaca	未羊	oveja
寅虎	tigre	申猴	mono
卯兔	conejo	酉鸡	gallo
辰龙	dragón	戌狗	perro
巳蛇	serpiente	亥猪	cerdo

IV 庆典事宜 CELEBRACIONES Y FIESTAS

4 庆典用语 TÉRMINOS USADOS EN FESTEJO DE FIESTAS

a nombre de mi representada	以公司的名义,代表公司
alzo mi copa para felicitarlos:	现在,我举起酒杯祝福,
por la prosperidad del país	为了国家的繁荣;
por el desarrollo de nuestra empresa	为了公司的发展;
por la amistad entre el pueblo chino y peruano	为了秘中两国人民的友谊;
por el triunfo de nuestra corporación,	为公司取得的胜利;
y al mismo tiempo,	同时
por la felicidad y la alegría de todos los presentes,	为了在座各位的幸福快乐;
¡salud!(干杯!)	干杯!
aprovechar esta oportunidad para	借此机会
baile	舞会
gran baile	盛大舞会
campeonato	比赛
ceremonia	庆祝仪式
ceremonia de premiación	发奖仪式
ceremonia de entrega de premios	发奖仪式
ceremonia en conmemoración de	纪念活动
ceremonia de inauguración	开幕式
ceremonia de suscripción del contrato	签字仪式
ceremonia de clausura de	闭幕式
cumpleaños	生日
feliz cumpleaños	生日快乐
decoración	装饰,环境布置
decoracion navideña	圣诞的环境布置
desear	祝愿
desear al país un futuro más próspero	祝愿祖国的未来繁荣昌盛
desear al pueblo una ventura más brillante	祝愿人民前途辉煌
Día de la independencia	独立纪念日
Día de la madre	母亲节
Día del padre	父亲节
Día de los enamorados	情人节
Día nacional	国庆
Día de la Patria	国庆
estar próxima la fiesta	节日即将到来
estar próxima la fiesta de navidad	圣诞来临

expresar nuestro sincero agradecimiento a	表示对……的诚挚的谢意
¡Feliz navidad y próspero año nuevo! deseamos a todos los trabajadores "feliz navidad y venturoso año nuevo".	圣诞快乐、新的一年财运亨通！ 祝全体员工圣诞快乐、恭喜新年发财。
festival un gran festival festival cultural festival gastronómico	节庆日 盛大节日 文化节 美食节
fiesta fiesta religiosa fiesta local Fiesta de Primavera Año Nuevo Navidad Nochebuena Las Pascuas	节日、庆祝活动 宗教节日 地方节日 春节 新年 圣诞 圣诞夜 圣诞除夕
hacemos votos hacemos votos que la provincia sea cada vez más próspera hago votos para que la empresa desarrolle y progrese día a día. hacemos votos que la amistad entre los dos pueblos sea eterna	祝愿 祝愿我们省日益昌盛 祝愿公司日益发展、不断进步。 祝愿两国人民之间的友谊地久天长。
mensaje	讲话,致辞,贺辞
mensaje con motivo de	为……的讲话
mensaje con motivo de navidad y el año nuevo;	圣诞、新年贺辞
mensaje de la Navidad	圣诞讲话
mensaje del Día de la Patria (DÍA NACIONAL)	国庆讲话
mensaje del año nuevo	新年致辞
presentación artística	文艺演出
presentes presentes de navidad	礼品 圣诞礼品
que...	祝愿,希望
que logre más éxitos la empresa	祝公司取得更大成绩
que tenga un próspero año nuevo	恭喜新年发财
que sea perpetua la amistad	愿友谊天长地久
tarjeta	卡,帖
tarjetas de navidad	圣诞贺卡
tarjetas de saludo	贺卡
tarjetas de invitación	请帖

V 丧事处理 CONDOLENCIAS EN EL ÁMBITO EMPRESARIAL

Aunque la palabra "fallecimiento" no es de buen recibo, a veces es inevitable encontrarse con casos semejantes en el sector administrativo de una empresa. De modo que es necesario conocer las expresiones de condolencia en español, con el fin de tratar posibles sucesos imprevistos, destino del contenido a exponer en adelante. En caso de no conocer dichas expresiones, puede verse involucrado en situaciones embarazosas, sin saber cómo hacer frente a alguna emergencia y como consecuencia, no podrá condoler ni calmar al afectado, pudiendo causar malentendidos en el trabajo.

尽管"丧事"这个词听起来让人不爽，但作为企业的人事管理，总会遇到这类问题的处理工作。如果缺乏这类语言的西语表达能力，面对问题的突然出现，就会显得措手不及，很尴尬，无法用语言安抚当事人，也会给工作造成损失。本部分资料供从事西语企业工作人员应急使用。

1 葬礼请柬 TARJETA DE DEFUNCIÓN

La empresa **COMINPE S.A.** invita al fallecimiento de quien en vida fuera*

Sr. Fulano

Gerente General

Ocurrido el día domingo 7 de mayo del 2010

La ceremonia (exequias) tendrá lugar en el Velatorio de San Pedro.

La cremación (火化) se realizará el día 26/05/2010 a las 11:00 a.m.

en el cementerio Jardines de la Paz

* "en vida fuera" quiere decir que mientras vivía se llamaba 直译是：在世的时候名叫弗拉诺

参考译文：

科敏佩公司敬请您参加弗拉诺总经理的葬礼。
弗拉诺总经理不幸于2010年5月7日(周日)去世。
仪式地点：和平公园(Jardines de la Paz)墓地的圣·佩德罗灵堂；
仪式时间：2010年5月26日上午11点

2 追悼弥撒请柬 INVITACIÓN DE MISA POR EL DIFUNTO

Misa por el Difunto

La Esposa, Hijos y Nietos
Del que en vida fue*
Mengano
Q.E.P.D.**
Invitan a Ud. a la misa de honras(追悼弥撒)
por conmemorarse un mes de su fallecimiento
a realizarse en la Iglesia San Pedro el día domingo 29 de febrero a horas 8 a.m.

Ciudad San Pedro, Febrero 2010

* el que en vida fue Mengano：直译是：在世时名叫门加诺
** Q.E.P.D. (Que En Paz Descanse) 安息吧

参考译文：

追悼弥撒
已故门加诺先生
之妻携子女及晚孙
沉痛地邀请您参加门伽诺先生的周日追悼弥撒
弥撒将于2月29日(星期日)上午8点举行
地点：圣·佩德罗教堂

圣·佩德罗市2010年2月

V 丧事处理 CONDOLENCIAS EN EL ÁMBITO EMPRESARIAL

3 留言哀悼 MENSAJE A UN FAMILIAR POR CORREO ELECTRÓNICO

ASUNTO: Mi más sentido pésame

Querido mío:

Hoy me enteré de que había fallecido tu esposa; de ser así sabes que comparto tu dolor, espero que las cosas se acomoden, y la vida continúa, y entiendo que tienes que compartir con tu familia el cómo replantear las actividades.

Te deseo de corazón la paz del alma, de igual modo exprésales mi sentir a tus hijos.

Muchos saludos,

Fulano

译文大意:

主题:沉痛哀悼

亲爱的朋友:

今天得知你妻子去世的噩耗,事已至此,你知道,我和你一样悲痛。希望你能把丧事处理好,生活仍会继续,我很理解你,你要和家人一起把家务安排好。

愿你节哀。并请你向你的子女转达我的慰问。

祝好。

弗拉诺

4 哀悼广告 PUBLICACIÓN DE CONDOLENCIAS

COMINPE S.A.

Lamenta el sensible fallecimiento de la

Dra.: (1)

MARIA REICHE NEUMANN(2)

(Q.E.P.D.) (3)

Destacada estudiosa de los Geoglifos(4) de la Pampa de Nasca, hoy declarados Patrimonio Cultural de la Humanidad y expresa a sus familiares su más sentida condolencia.

Ica, 11 de junio de 1998

说明:
(1) Dra.: doctora 女博士
(2) MARÍA REICHE NEUMANN(1903-1998): 玛利亚·蕾琦(女),德国人,最早并终身致力于秘鲁地画(las líneas de Nazca)研究的著名学者,地画照片及分布的珍贵资料出自这位博士之手。她深受秘鲁人民的尊敬和爱戴。
(3) Q.E.P.D.: Que En Paz Descanse 安息吧
(4) Geoglifos: 地画(figuras levantadas en cerros o planicies, usando la técnica de adición de piedras oscuras de origen volcánico, a modo de mosaico)

参考译文:

科敏佩公司对
当今世界人类文化遗产——纳斯卡地画的
著名学者:MARIA REICHE博士的不幸逝世
深表遗憾
并向她的家属表示深切的慰问
安息吧!

5 悼念留言卡 MENSAJE DE RECORDATORIO

Rogad a Dios
En vuestras oraciones por el alma del que en vida fue (1) Sr.
ALBERTO MENGANO FARFAN
Q.E.P.D. (2)
Quien durmió(3) en la Paz del Señor el 28 de Febrero de 1988.
Recuerdo de la Misa celebrada en sufragio de su alma en la Iglesia Matriz de Nasca.
Conmemorando el 1er. Año de su sensible Fallecimiento.
Recuerdo: de su
Esposa, Hijos y Nietos
Tacna, 28 de Febrero de 1989

Después de su muerte, se reflejaba en su dulce fisonomía la misma serenidad que guardaba en su alma piadosa y sencilla.
Triste queda nuestro hogar sin su sombra querida, pero los que lo amamos y lloramos su

V 丧事处理 CONDOLENCIAS EN EL ÁMBITO EMPRESARIAL

partida, no lo olvidamos jamás. Aunque ya no lo vemos, su espíritu nos acompaña en todas partes, sabemos que no lo hemos perdido.

La bondad de su corazón había conquistado la estimación de todos los que lo conocieron.

Señor, nos lo habías dado para hacer nuestra felicidad, nos lo quitas, os lo devolvemos, pero con el corazón destrozado de dolor.

Oración
Divino Señor, recibe el alma de tu siervo(4)
ALBERTO

说明：

(1) del que en vida fue Mengano: 直译是：在世时名叫门加诺

(2) Q.E.P.D. (Que En Paz Descanse): 安息吧

(3) Quien durmió en la Paz del Señor:

se refiere a que el difunto actualmente descansa en paz junto a Dios, una expresión religiosa que significa "que murió el día..."

宗教用语，可翻译为于某日与世长辞、故去等。

(4) Divino Señor, recibe el alma de tu siervo ALBERTO:

parte de una oración cristiana en la que se habla de que el difunto sube al cielo y sus familiares en la tierra le piden que reciba el alma de su siervo, es decir, del difunto.

神圣的上帝，请接受你的奴仆ALBERTO（逝者）的灵魂。

6 丧事后慰问语 PALABRAS DESPUÉS DE UNA MISA DE DIFUNTO

- !Cuánto lo siento!
- Lo siento

  深表同情（遗憾）

- !Que su alma descanse en paz!

  安息吧！

- Te seguimos acompañando en tu dolor.

  伴你度过沉痛的时刻。

- Me enteré de lo ocurrido y quiero que sepas que lo siento mucho.

  得知噩耗，深表同情。

- ¡Que su alma descanse en paz!
  安息吧!
- Nada en esta vida es fácil, mucho menos ver partir a las personas que queremos, pero sé que Dios dará la resignación que necesitas。
  生活没有容易的事,尤其是看到我们爱的人离去,但相信会得到上帝的补偿。
- Mi más sentido pésame.
  沉痛哀悼
- Te deseo la paz del alma
  节哀
- Te acompaño en el sentimiento
  同哀

7 职工协议相关条款 PACTOS CON LOS TRABAJADORES

　　Debido a la diferencia del sistema social, los beneficios de los trabajadores no son iguales entre distintos centros de trabajo, hasta entre diferentes sindicatos-el de empleados y el de obreros- dentro de la misma entidad, dependiendo de lo pactado en la negociación entre los sindicatos con los propietarios de la empresa. A continuación, se muestran algunos artículos del pacto del sindicato de empleados con la empresa COMINPE S.A sobre los asuntos relacionados con la defunción de un empleado. Leer éstos es oportuno, aunque no es suficiente, para conocer algo sobre la negociación de sindicatos bajo el sistema capitalista en los países occidentales, trabajo indispensable, indefinido, un año tras otro en todas las empresa, sin ninguna excepción. La ejecución de los artículos pactados arriba mencionados se considera igual a la ley.

　　由于社会制度不同,劳动者的福利待遇也不同,西方社会里,劳工的工资及福利依据,除了法律规定的内容以外,还有资方和工会谈判达成的协议(称pacto或convenio),同一个单位不同工会(职员工会和工人工会)也会有不同的待遇,取决于每个工会谈判取得的结果。下面看到的是职员工会协议有关处理职工丧葬事务的相关条款,借此机会也可以稍微了解一下资本主义体制下的工会谈判达成的协议的具体内容,劳资双方的谈判也是外企工作的一项常规工作,一年接一年,一项永不休止的工作,协议内容的执行视同法律。

☆ En caso de fallecimiento por accidente en el trabajo de un empleado con menos de cuatro años de servicio, por lo que no puede gozar del seguro de vida establecido por D. Leg.(decreto legislativo) No.668, la empresa otorgará a sus deudos un subsidio de MIL CIENTO DIEZ Y 00/100 NUEVOS SOLES(S/.110.00), en adición a los beneficios que

V 丧事处理 CONDOLENCIAS EN EL ÁMBITO EMPRESARIAL

legalmente le correspondieran.

因工伤事故死亡的职员,在服务时间不到四年,不能享受生命保险的情况下,除法律规定的福利费外,公司应发给其家属110新索尔的补助费。

☆ En caso de fallecimiento de un empleado en San Pedro, sede de la empresa, la empresa otorgará un ataúd de madera (de primera) o su equivalente en soles si el deceso ocurriera fuera de la localidad, previa presentación de las facturas oficiales correspodientes.

某职员如果在圣·佩德罗(公司驻地)死亡,公司将提供一等材质木棺;如果死亡发生在外地,事先递交有关正式发票,可发给等值费用(索尔)。

☆ La empresa proporcionará nicho perpetuo en San Pedro o su valor(费用) si el sepelio se realizara en otro lugar.

在圣·胡安安葬,公司提供永久墓室;如果在异地安葬,则发给其等值费用。

8 丧事用语 TÉRMINOS USADOS

agencia funeraria	丧务代办处
alma	心灵,灵魂
aparato floral (flores en forma de cruz, circulares)	花环
ataúd	棺材
ataúd de madera de primera	头等木棺
autopsia	尸体解剖
carroza	灵车
capilla ardiente	灵堂
cementerio	墓地
ceremonia(exequias) de la defunción	殡葬仪式
la ceremonia tendrá lugar en el Velatorio de San Pedro	仪式在圣·佩德罗灵堂举行
corona de misa (tarjeta) (追悼卡)	追悼的一种形式
cremar	火葬
cremación	火葬
la cremación se realizará en...	火葬在……举行
crematorio	火葬场
dar el pésame	表示哀悼
dar condolencias	表示同情
dar consuelo	表示同情
dar palabras de resignación	说些安慰的话
deceso	死亡
el deceso ocurrió a las 10	10点死亡

declaratoria de herederos	遗产声明
defunción	死亡
deudos	死者家属
doctor legista	法医
donación de órganos	捐赠器官
dosaje	化验
dosaje etílico	酒精含量化验
exequias	殡葬仪式
dejar de existir	死亡
dejó de existir a las 10	10点死亡(不在了)
expirar	死亡(停止呼吸)
expiró a las 10	10点死亡(断氧)
fallecimiento	死亡,身亡,逝世,过世
el fallecimiento ocurrió a las 10	10点死亡
el sensible fallecimiento de uno	某人的不幸逝世
fallecimiento por muerte en accidente de trabajo	工伤死亡
invita al penoso fallecimiento de uno	沉痛通知参加某人的葬礼
funeraria	墓地的殡仪馆
honras (fúnebres)	追悼会
jaculatorio	祈祷(祷词)
mausoleo	陵墓
hacer un mausoleo	建陵墓
misa	弥撒
celebrar una misa	举行弥撒
misa de difunto	追悼弥撒
misa de honras	追悼弥撒
misa de salud	健康弥撒
misa por aniversario del difunto	周年弥撒
morgue	停尸间,太平间
muerte natural	自然死亡
necropsia	验尸,尸体解剖,取样
hacer una necropsia	进行验尸
nicho	墓室
clase de nicho	墓室的等级
nicho perpetuo	永久墓室
nicho provisional	临时墓室
notaría	公证处,公证事务所

V 丧事处理 CONDOLENCIAS EN EL ÁMBITO EMPRESARIAL

notario	公证人
oración fúnebre	悼词
partida	证明
partida de defunción	死亡证
partida de matrimonio	结婚证
partida de nacimiento	出生证
partida de bautismo	洗礼证
realizar el sepelio	举行安葬
realizarse el velatorio en estricto privado	丧事不对外
responso (responsar)	悼亡经,超度经,安魂经
rosario de 8 días (una serie de rezos)	祈祷仪式
sacar certificados notariales	进行公证
seguro de vida	人身保险
sepelio	安葬
realizar el sepelio	进行安葬
subsidio por muerte natural	自然死亡补贴
sufre el dolor de fallecimiento de un familiar	家里有人过世
urna	骨灰盒,盒子,箱子
urna de cristal	水晶棺材
velatorio	守灵,灵堂

VI 招待宴请
COMIDA DE NEGOCIOS

Para una empresa, ofrecer una invitación a una comida de negocios es un trabajo habitual con el motivo de mantener buenas relaciones con los colegas. Tratar bien ese tipo de trabajo puede mostrar la buena figura de una empresa y causar una buena impresión al cliente o socio comercial. Al mismo tiempo es un medio eficaz para transmitir las capacidades organizativas de uno mismo.

Los materiales que se encuentran a continuación sirven para facilitar y cumplir ese tipo de trabajo en español a los dedicados al trabajo empresarial en ese idioma en empresas hispanohablantes, los cuales se presentan en temas como Redactar tarjeta de invitación; Reservar comida por teléfono; Diálogo durante la comida/cena y los Términos usados del mismo.

企业的宴请活动,是企业对外联谊常见的工作。得体地做好这类工作,不但可以展示公司形象,给客户或商业伙伴留下良好的印象,同时还能有效地体现一个人的组织能力。

以下资料可以帮助从事西语企业工作的人员,用西语完成这项工作,内容从撰写请柬、电话订餐、赴宴对话及常规用语等方面对这项西语工作进行了介绍。

1 准备请柬 PREPARAR TARJETA DE INVITACIÓN A UNA COMIDA

例1 酒会请帖 Ejemplo 1 El vino de honor

El vino de honor

El Viceministro y Secretario General de Relaciones Exteriores, Horlando Palma Valderrama, tiene el agrado de invitar al Señor Zhang al vino de honor que ofrecerá en honor de la Delegación de la República Popular China con motivo de la Segunda Reunión de la Comisión Mixta Económica y Comercial Peruano-China, el jueves 4 de diciembre de 2010.

VI 招待宴请 COMIDA DE NEGOCIOS

> 参考译文:

值此秘中经贸联合会第二次会议召开之际,为欢迎中国代表团的到来,外交部副部长兼秘书长奥尔兰多特举办酒会,敬请张先生届时光临。

酒会时间:2010年12月4日(周四)。

例2 美食节请贴 Ejemplo 2 Invitación al Festival gastronómico

Festival gastronómico

Con motivo del festival gastronómico y cultural del Perú

La Embajadora del Perú

Teresa

Tiene el agrado de invitar al Sr. Zhang a una Cena que ofrecerá

el jueves 23 de Sept. A las 19:30 hrs. En el Kempinski Hotel.

秘鲁驻中国大使特蕾莎女士,敬请张先生光临秘鲁文化美食节招待晚宴。

时间:9月23日晚7:30

地点:凯宾斯基饭店

例3 开业大典请帖 Ejemplo 3 Invitación a la Ceremonia de Inauguración

Sol Hotel & Casino

El Presidente del Directorio de Sol Grupo Diversión S.A.,
Señor Mengano, tiene el alto honor de invitar a Ud. (s)
a la Ceremonia de Inauguración del Complejo Turístico
"Sol Hotel & Casino".

Acto solemne que se llevará a cabo el día jueves 06 de mayo
del presente año, a las 19:30 horas, en nuestros salones de
recepción, ubicados en la calle Molino 78, Miraflores.

Agradeciendo anticipadamente su gentil asistencia.

Miraflores, mayo de 2011

Traje de etiqueta
Presentar invitación
R.S.V.P. Tel.: 446-3198, 446-3199
La presente invitación es personal e intransferible

参考译文：

太阳饭店兼娱乐城

太阳娱乐集团公司董事长李先生荣幸地邀请您参加我综合旅游场所"太阳饭店兼娱乐城"的开业典礼。

活动将于5月6日举行，时间：晚7:30；地点：本饭店接待大厅；饭店地址：观花府莫利纳街78号。

感谢光临。

观花府，2011年5月

着装：礼服
凭本请帖参加活动
请确认应邀，确认电话：446-3198，446-3199
请帖限本人使用，不得转让

例4 鸡尾酒会请帖 Ejemplo 4 Invitación de Cóctel (cocktail)

Invitación de Cóctel (cocktail)

El Presidente de la Sociedad Nacional de Minería, Petróleo y Energía
tienen el agrado de invitarle a usted al Cóctel que, con motivo de la
Transferencia de Cargos al nuevo Consejo Directivo electo
para el período 2011, se llevará a cabo el día
Martes 4 de mayo, a las 7:00 p.m.

Luis Perengano agradece su gentil asistencia.

Lima, 30 de abril de 2011

Francisco Grau 67, Magdalena
R.S.V.P. 4601600 - 4618029

VI 招待宴请 COMIDA DE NEGOCIOS

鸡尾酒会请柬

国家矿业、石油和能源协会主席卢伊斯，即将前往2011年选举产生的领导委员会就职履新。为此将于5月4日（周二）晚7:00举办酒会，在此荣幸地邀请您届时出席，并感谢您的光临。

2011年4月30日 利马

酒会举办地址：*Francisco Grau 67, Magdalena*
确认联系电话：*4601600 - 4618029*

例5 请柬范例 Modelo de una posible tarjeta de invitación

Si archiva en su cómputo el siguiente modelo de invitación, le facilitará trabajar con rapidez rellenando los espacios en blanco cuando encuentre (aparezca) el caso.

为提高工作效率，可把本范例存储在计算机里，有需要时只要填空处理一下就能用，既便利又迅速。

**EL GERENTE GENERAL DE COMINPE S.A.
FULANO, TIENE EL HONOR DE INVITAR AL**

Sr._____

A LA CENA QUE OFRECERÁ EL DÍA (   ) A LAS 8:30 HRS P.M.,
CON MOTIVO DE

FULANO, AGRADECE SU GENTIL ASISTENCIA.
Dirección:
R.S.V.P. 2341567 (1)

Lima, Septiembre del 2011

Traje: sport elegante (2)

---

(1) R.S.V.P. 2341567, está en francés (Répondez, s'il vous-plaît), quiere decir: Responda, por favor. 赴约与否需要电话确认。

(2) Para Eventos importantes hay requisito de vestir tales como:
出席重大活动,请柬注明服装要求。常见要求有:
Traje de etiqueta 礼服
Traje sport (elegante) 便服
caballero: terno 男士:西装
damas: ropa de gala 女士:盛装

邀请函大意:
科敏佩公司将于 X 月 X 日(周 X)晚 8:30,为 _____ 举办酒会,总经理张某荣幸邀请您届时光临。地址:_____

张某
请确认出席,联系电话:

利马,x 年 x 月

着装:便装

2 订餐电话 RESERVAR MESA POR TELÉFONO

要求订餐 Hacer una reserva de una mesa
J: Jefe 领导; S: Secretaria 秘书

J: Por favor, coordine con el Departamento de Relaciones Públicas para la reservación de una cena. 劳驾,请让公关科预订一桌晚餐。
E: ¿En qué restaurante señor? 在哪个饭店?
J: En el Restaurante Real. 皇家饭店吧。
S: ¿Para cuántas personas? 几个人?
J: Tres invitados, dos son de nuestra Empresa; en total para cinco personas.
邀三个人,我们公司两个人,一共五个。
S: ¿La fecha y la hora? 什么时候?
J: ¿A qué hora empieza el servicio de este Restaurante? 饭店几点开门?
S: Normalmente a las 9 de la tarde. 一般晚 9 点。

VI 招待宴请 COMIDA DE NEGOCIOS

J: Para el próximo Miércoles, 11 a las 9 de la noche, ¿qué le parece?
那就定下周三,11号晚9点怎么样?

S: Está bien, voy a coordinar. 行,我去联系。

饭店订餐 Llamada a la recepción del restaurante
C: Cliente 客户;   R: Recepcionista 前台接待员

R: Buenos días, Restaurante El Real, ¿qué desea?
你好,这里是皇家饭店,您需要什么?

C: Quería (quisiera) reservar una mesa para el miércoles por la noche, a las 21h.
我想预订周三9点的晚餐。

R: ¿Para cuántas personas? 几位?

C: Para 6. 6位。

R: ¿A qué hora? 几点?

C: A las nueve. Me gustaría tener una mesa que diera al mar, que tenga buenas vistas.
9点钟。我想要一张面向大海的桌子,视野好些。

R: Lo siento, las mesas que dan al mar no están disponibles para el miércoles.
抱歉,面向大海的桌子周三都订出去了。

C: ¿Y la mesa que siempre ocupamos? 那张我们常用的桌子呢?

R: También está reservada. 那张桌子也订出去了。

C: ¿Y para el jueves a la misma hora? 周四同一个时间呢?

R: Sí, está disponible. 周四行,还有桌子。

C: Bien, entonces para el jueves a las 21h. 好,那就订周四晚上9点的吧。

R: ¿A nombre de quién hace la reserva? 用谁的名字预订?

C: Juan Gómez. 胡安·高梅斯。

R: Así quedamos, ya está reservada la comida. 就这样,预订好了。

C: Muchas gracias, hasta luego. 谢谢,再见。

3 饭店对话 DIÁLOGO EN EL RESTAURANTE

餐前 Antes de sentarse a la mesa
Al encontrarse con los invitados, cada uno se presenta primero, da su nombre, saluda, y da la bienvenida.
与被邀人相遇,各位首先自我介绍,互通姓名,相互问候表示欢迎。

M: Mozo 服务员；　C: Cliente 顾客；　I: Invitado 客人

C: Buenas noches, mucho gusto de conecerlo. 晚上好,很高兴能认识你。
(variedades de forma expresiva "幸会"的说法可以做如下变换：
Mucho gusto. 很高兴/幸会,幸会。
Es un gran placer conocerlo. 很高兴能认识你。
Es un placer conocerlo. 幸会。
Encantado(a). 幸会。
Encantado(a) de conocerlo. 幸会。
Tanto gusto de encontrarlo. 幸会。/见到你很高兴。
El gusto es mío. 我也很高兴。
Más bien el gusto es mío. 高兴的应该是我啊。)

I: Buenas noches, de igual manera (o del mismo modo).
晚上好,认识你我也很高兴。

I: Nos ganaron, disculpe por los minutos de la tardanza, a esta hora el tráfico es muy congestionado.
你们比我们先到了,请原谅我们晚到了几分钟,这个时刻交通特别堵塞。

C: No hay problema, lo importante es que estamos todos reunidos.
没关系,关键是我们都到齐了。

M: ¿En qué puedo servirles? 能为你们做点什么？

来到饭店 Al entrar en el Restaurante
M: Mozo 服务员；　C: Cliente 顾客；　I: Invitado 客人；　J: Jefe 领导

M: Buenas noches señores, bienvenidos, adelante, siéntense por favor.
你们好,先生们,欢迎光临。请进,请坐。

C: Somos de la Empresa Cominpe, tenemos una cena reservada en su Restaurante.
我们是科敏佩公司的,我们在你们饭店订了一桌晚餐。

M: Sí, ya los estamos preparando. ¿Desean tomar algo mientras esperan? (¿algún aperitivo?; ¿algo para tomar?; ¿alguna bebida?)
是的,正准备着呢。等候的时候,你们想喝点什么？(喝点开胃品？；喝点什么？；来点饮料？)

C: Una Coca-Cola para el señor Carlos; para mí, agua mineral, y nada más.
给卡洛斯先生来杯可乐,我要杯矿泉水,其他什么都不要了。

VI 招待宴请 COMIDA DE NEGOCIOS

点菜 Pedir platos

C: ¿Podría traernos la carta (o el menú)? 拿菜单看看好吗？

M: Cómo no, aquí la tienen. 可以，这儿呢，给您。

C: Es la primera vez que venimos a este Restaurante, no lo conocemos mucho. ¿Podría hacernos alguna recomendación? ¿Cuál es la especialidad de su Restaurante?
我们第一次来这里，不太了解，请给我们推荐推荐，你们饭店的招牌菜是什么？

M: Nuestra especialidad son platos picantes. Miren, Los aperitivos son...; los platos principales (el segundo)son...; las sopas en esta página...; los dulces aquí están...
我们的特色是辣菜。你们看啊，这些是开胃饮品……；主餐是……；汤在这页呢……；甜点在这儿……

M: Tenemos un plato muy típico: cuy a la plancha, en salsa picante, siendo plato especial de la casa, es muy agradable. Pueden probar, estoy seguro que les va a gustar.
我们有一道菜特别地道，是辣汁铁板豚鼠，是饭店的特色菜，特别好吃，你们可以品尝一下，保你们满意。

M: Aquí se puede pedir platos a la carta, a la vez también tenemos buffet, que empieza a las nueve y media.
我们这里可以点菜，也有自助餐，自助餐晚上9点半开始。

M: Aquí sólo ofrecemos menú, 8 variedades en total, con una bebida sin costo alguno.
我们这里只供应套餐，有8个品种，套餐免费提供一杯饮料。

C: ¿Cuál es el menú de hoy? 今天的推荐套餐是什么啊？
（Menú del día está fuera de la carta y se ofrecen tres o cuatro primeros y tres o cuatro segundos a un precio más barato que el menú principal del restaurante.）
（Plato del día 招牌套餐或当日的推荐套餐，适用西班牙，一般饭店每天都有几种套餐，包括头盘和主餐盘，多为工作餐。）

M: De plato del día, hoy día ofrecemos 3 variedades en total, con una bebida sin costo alguno. 今天供应的套餐共有3个品种，套餐免费提供一杯饮料。

C: Pediremos un plato mixto de mariscos para picar todos, 2 platos de cuy. Y luego, cada uno pide el plato que desee. Respecto a la bebida, pediremos un vino tinto y 3 cervezas. Aparte, ¿podría servirnos una parihuela dividida en 2?
我们要一个供大家享用的海鲜拼盘、两盘豚鼠。然后每人点自己的。饮料要一瓶红葡萄酒、三瓶啤酒。另外，能不能要一个海鲜汤，分两碗上？

M: Cómo no. 当然可以。

C: ¿Tienen comidas rápidas? 你们这里有快餐吗？

C: Estoy un poco apurada, ¿Qué plato puede servirme enseguida?
我有点着急,有什么马上能吃上的吗?

C: Queremos comer algo sencillo. 我想吃点简单的。

C: Estoy en dieta (a dieta, en España), pido algo vegetariano.
我在禁荤,要点儿素菜吧。

C: No me encuentro bien del estómago, sólo puedo pedir algo ligero.
我这两天胃不太舒服,只能要点清淡的。

C: Quiero buffet, que tiene más variedades. 我想用自助餐,品种多些。

C: Un plato igual al de mi compañero para mí, por favor.
劳驾,我要和我的同伴一样的一盘。

用餐 Durante la comida

M: La comida ya está lista (o está preparada), ¿la puedo servir (poner)?
饭做好了,现在可以上菜吗?

C: Le agradecería que la sirvan para comerla caliente. 上吧,好趁热吃,谢谢。

M: Señores, la comida está servida. 先生们,饭上好了。

C: Gracias, señores (dirigiéndose a los invitados), pasemos a la mesa, mientras cenamos continuaremos conversando.
谢谢。先生们(对被邀请人),我们上桌吧。边吃边接着聊。

I: Bueno, ¿cómo es el orden de sentarnos? 好,座位怎么安排?

C: El señor gerente, por favor, en el centro, su intérprete a su lado derecho, los otros señores se sienten como gusten, que cada uno escoja su asiento.
经理先生请坐中间,您的翻译坐您右边,其他人请便。

M: Señores, ¿les sirvo la sopa(el arroz)?
先生们,我给你们盛汤(饭)?

C: Gracias, nos servimos nosotros mismos(yo me sirvo).
谢谢,我们自己来吧(我自己盛吧)。

C: El pescado es un plato chino famoso, tiene un sabor especial, sírvanse cada uno, pruébenlo. 这鱼是中国名菜,味道独特,每人取一些,品尝品尝。

I: Gracias, tantos platos deliciosos, hasta no sé por cuál empezar, este pato laqueado de Beijing también tiene fama mundial, es riquísimo.
谢谢,这么多菜,我都不知道先吃什么了,这北京烤鸭也是誉满全球的啊,好吃极了。

[Para describir (elogiar, alabar) las buenas comidas se suelen usar las palabras: Plato rico, riquísimo, delicioso, fino, agradable, típico, de sabor picante, sabor dulce, bueno para

VI 招待宴请　COMIDA DE NEGOCIOS

satisfacer los paladares, etc.
形容饭好吃常用的说法有：香、很香、做工精细（口味细腻）、爽口、做工地道、辣味的、甜口的、一饱口福等等。]

M: ¿Algún dulce? (¿algún postre?) 要点甜食（甜点）吗？
C: ¿Qué desean ustedes? (pregunta a sus invitados) 各位想要点什么？（问被邀请人）
　　Fulano: para mí nada más, ya me es suficiente.
张三：我够了，什么都不要了。
Mengano: para mí, un helado de 2 sabores, chocolate y fresa.
李四：我要一份冰激凌，巧克力和草莓两种味道的。
Sutano: una bebida caliente, un té chino.
王五：一杯热饮——一杯茶。
Perengano: un café con dos cucharadas de azúcar (sin azúcar).
赵六：一杯咖啡，放两勺糖（不放糖）。

敬酒 Hacer un brindis (brindar)

◇ Ante todo quisiera ofrecerles un brindis. Señor (mozo), por favor sírvanos el vino.
我先敬大家一杯，服务员先生，请给大家斟酒。

◇ Durante el banquete los anfitriones y los huéspedes levantan muchas veces sus copas para saludarse. 席间宾主频频举杯敬酒。

◇ Por nuestra amistad y la buena coordinación sobre el contrato de nuestras representadas, ¡salud! 为我们的友谊，为我们两个公司之间的合同的合作，干杯！

◇ Salud! Excelente vino. Tiene un sabor agradable. 干杯！好酒。味道很好。

◇ El brindis en España se suele hacer después de los platos principales y antes del postre. Y la costumbre en China es al comienzo de la comida.
西班牙敬酒一般在主餐后、甜点前进行。中国的习惯是在就餐开始的时候。

◇ Lo primero, la persona que va a brindar toca su copa de cristal con el tenedor o cuchillo para emitir un pequeño sonido y silenciar a los comensales. Posteriormente, la persona comienza su discurso.
首先，敬酒的人用餐刀或餐叉轻轻敲击酒杯，待就餐人安静后开始讲话。

◇ Estimados señoras y señores invitados, me gustaría brindar por la firma del convenio.
女士们、先生们，尊敬的客人，为了协议成功签订，我敬大家一杯。

◇ Disculpen que interrumpa la cena, pero me gustaría que brindásemos por la firma del convenio. 对不起，我打断你们的用餐，让我们为协议的签订干一杯吧。

◇ Perdonen por robarles unos minutos de su tiempo, pero seré breve. Me gustaría que todos brindásemos por la firma del convenio, la cual nos ha hecho reunirnos aquí, en esta agradable velada.
请允许我占用大家短暂的几分钟时间,因为签协议,我们在这里愉快地相聚,为此,我们干一杯吧。

◇ Propongo hacer un brindis. 我提议咱们干一杯。

◇ Propongo hacer un brindis con ustedes. 我提议和你们干一杯。

◇ El gerente general propone un brindis por la unidad entre nosotros.
总经理提议为我们的团结干一杯。

◇ A continuación, nuestro gerente quiere decir unas palabras a todos ustedes y proponer un brindis con motivo de la firma del convenio.
下面,为了合同的签订,我们经理想讲几句话,并向大家敬酒。

◇ Muchas gracias, pero si sigo bebiendo voy a acabar emborrachándome.
谢了,再喝我就醉了。(西班牙只是这样婉转地说,不直接说ya no voy a tomar más)

◇ Un brindis de un trago. 一饮而尽。

◇ "Gan bei" en el idioma chino no es sólo hacer brindis, a la vez tiene el sentido de "seco y volteado, sin quedar ni una gota", tal como en español, tomarlo "de un trago".
中文"干杯"的意思不只是敬酒,还有喝得酒杯底朝上、一滴都不剩的意思。如同西班牙语的"一饮而尽"。

◇ Estoy manejando por lo que no puedo acompañarles en la toma de licores hoy día.
我今天开车,不能喝酒。
Tome sin pretexto, mi chofer le va a dejar en casa.
不要找借口,今天我让司机送你回家,你必须陪喝。

◇ Este licor está hecho de cereales, a la vez es de poca graduación, que no emborracha a nadie. Encima de eso, toma mucho y aguanta.
这酒是粮食做的,低度酒,不醉人,况且你的酒量大,受得了。

◇ Un chiste entre dos borrachos:
Dos señores que habían tomado demasiado licor, pero ninguno reconocía que estaba borracho, entraron uno tras otro en un taxi, uno de ellos dijo:
—No he tomado mucho, todavía puedo tomar más.
—Yo tampoco, estoy lúcido.— dijo el otro.
—Mire, los árboles de afuera corren a mayor velocidad que el coche.— siguió el primero.
—Es cierto, la próxima vez en vez de tomar coche vamos a tomar el árbol.

VI 招待宴请 COMIDA DE NEGOCIOS

醉酒人的笑话大意：

两位先生喝了很多酒,谁都不承认喝醉了,他们先后上了出租车,

一个说:我没喝多少,其实我还能喝。

另一个说:我也没喝多少,我的神志很清楚的。

接下来两个人说:

——你看,车外面的树比车跑得还快。

——真是的啊,下次咱们就不乘车了,改乘树就行了。

◇ Chiste sobre borrachos en China:

Hou Baolin era un gran maestro de XIANG SHENG, arte tradicional chino en el que un dúo cómico interpreta un diálogo de contenido humorístico para hacer reír al público. Él redactó un chiste en su obra, también sobre dos borrachos en la misma situación, sin conocimiento claro, tampoco se da cuenta y no reconocen su estado. Pero uno que tenía una linterna en la mano, la encendió (prendió) e indicando la luz del mismo dijo al otro:

—Si no estás borracho, sube siguiendo esta luz.

—No, de ninguna manera. Estoy muy sobrio, (清醒) que una vez que suba, vas a apagarla y me caeré.

中国的醉酒人笑话大意：

中国相声大师侯宝林在他的作品中也撰写了一段两个酒鬼的笑话,情况差不多,喝得神志不清,但他们不知道、也不承认喝醉了。其中一个人手里拿着手电筒,他把电筒打开,指着电筒的光柱向另一个人说:

——你要是没醉,就顺着这根光柱爬上去。

——我才不爬呢,我清楚得很,等我一爬上去,你就把手电筒关了,那我就掉下来了。

中途退席 Retirarse en medio de la reunión

J: Les pido disculpas, tengo que retirarme ya que tengo otro compromiso que es a las 10.

十分抱歉,我得先行一步,我10点还有个约会。

I: Vaya, no se preocupe. 没关系,请便吧。

J: Dejo a mi asistenta que les acompañe, ¡que tengan buen provecho!

我让我的助理留下陪同各位,请大家吃好(慢用)。

I: Gracias, que le vaya bien. Hasta luego. 谢谢,祝你一切顺利。

(Para pedir disculpas: discúlpeme 抱歉 的几种说法:

pido disculpas; perdóneme; perdón; mil disculpas)

买单 Pagar la cuenta

C: (a los invitados) ¿Alguien desea algo más?
（问客人)还有人想要点什么吗？

I: Gracias, ya nada más. Estamos satisfechos.(en una reunión en vez de satisfecho no se dice lleno, peor con la palabra repleto como en casa)
谢谢，什么都不要了，已经很满意了。(聚餐的时候，吃饱了不可以如同在家里那样，用吃饱了、吃撑了的词)

C: Señor, la cuenta, por favor. (o prepárenme la cuenta.)
先生，劳驾，买单。

M: ¿Con tarjeta o en efectivo? ¿Factura o boleta? 刷卡还是付现款？开正式发票还是收据？

C: ¿Acepta tarjeta de crédito? 你们这儿能刷卡吗？

M: Sí, aceptamos tarjeta e incluimos impuestos y servicios, si con tarjeta Vip (o tarjeta de socio emitida por Nuestro Restaurante) siempre se le da un descuento del 10 % por el consumo, y aparte, tenemos ofertas con motivo del Día del Padre.
能刷卡，含税和服务费。如果有我们饭店的优惠卡，能优惠10%。另外，现在是父亲节，也有优惠。

C: Se me ha olvidado la tarjeta. Entonces voy a pagar en efectivo, necesito la factura.
信用卡忘带了，付现款吧，我要正式发票。

Voy a pagar con tarjeta, aquí la tiene. 刷卡，给您卡。

M: ¿Cuál es su RUC? Y su razón social? 税号和公司名称？

C: Número de RUC es 1234567, razón social es Cominpe S.A.
税号是1234567,公司名称是科敏佩股份有限公司。

M: Aquí tiene su vuelto y la factura. 这是找回的钱和发票。

El pagador recoge su vuelto y deja la propina al mozo, quien a su vez da su agradecimeinto. 付款人收起找回的钱，留下小费。服务生表示感谢。

告别 Despedirse

I: Gracias por la invitación, ha sido una cena deliciosa, hemos disfrutado de una conversación muy interesante, y esperamos tener siempre las mejores relaciones de trabajo.
谢谢邀请。饭吃得好，话谈得也好。希望我们永远保持良好的合作关系。

C: Gracias a ustedes por haber venido. Nosotros también deseamos que nuestras relaciones siempre sean las mejores (o qué ocurrencia, más bien debemos de agradecer a ustedes por habernos acompañado).
谢谢光临，我们同样希望永远保持最好的合作关系。(或太客气了，应该谢谢你们，谢

VI 招待宴请 COMIDA DE NEGOCIOS

谢你们的光临。)
C: Gracias (dirigiéndose al mozo). 谢谢(谢服务员)。
M: No hay de qué.Gracias a ustedes,cuando gusten, estamos para servirles.
　　No hay de qué;
　　De nada;
　　Por nada;
　　Qué ocurrencia;
　　Para servirle.
　　不客气,谢谢你们,欢迎再来。
C: ¡Hasta luego! 再见!
M: Que les vaya bien. ¡Hasta luego! 祝你们万事如意。再见。

4 饮品包装介绍 INDICACIONES DE BEBIDAS Y RECETAS

En este apartado se va a presentar unas indicaciones de bebidas y algunas recetas de otras, que sirven de materia de conversación durante la comida, aún más, ofrecen conocimientos prácticos del sector, de manera que los hispanohablantes puedan encontrar dentro del texto（字里行间）alguna referencia para una posible traducción en cuanto a la alimentación, el etiquetado, el envasado y tareas correlativas.

本部分介绍了几个饮品的包装说明和另几个饮品的配方。 内容不但可以作为餐桌上的谈资,更重要的是增长餐饮方面的实践知识,尤其在餐饮、包装及相关行业工作的西语人士,可以从说明和配方的字里行间得到翻译工作的参照。

蜜桃酸奶说明 YOGUR DE DURAZNO

Elaborado y envasado por LAIVE S.A.
Nicolás de Piérola 601, Ate. PERÚ
RUC 9004351001
RSA-N-96-002429-DIGEMID

Ingredientes: pulpa natural de durazno,
jarabe de sacarosa estabilizado
y reforzador de sabor durazno.
Contenido neto: 200 ml
AGÍTESE ANTES DE CONSUMIR

vencimiento 27/01/11

perfore aquí

Mantengamos limpio nuestro país

参考译文：

此产品由 LAIVE 股份公司生产与包装

公司地址：Nicolás de Piérola 601, Ate. PERÚ

公司税号：RUC 9004351001

食品卫生许可证编号 N-96-002429-DIGEMID

配料：天然蜜桃果肉
　　　经稳定处理的糖浆
　　　和蜜桃果味加重剂

净含量：200ml

饮用前请摇匀

保质期至 2011/01/27

由此打开

请维护国家卫生

草莓酸奶说明 YOGURT DE FRESA

Yogurt de fresa

100% natural

Contenido: 180 ml

YoMost (marca) es un delicioso yogurt para beber que tiene un exquisito sabor a fruta, es 100% natural y no contiene preservantes (conservantes). Porque YoMost no necesita refrigeración (hasta antes de consumirlo), puedes llevarlo y disfrutarlo donde tú quieras.

INGREDIENTES: Yogurt fresco, pulpa de fresa, azúcar.

Ausencia de efectos en la recomposición de la flora intestinal.

YoMost es producido con el respaldo de Bella Holandesa. Una nueva técnica de pasteurización y su moderno envase, permiten conservar intactas todas sus propiedades hasta por 6 meses sin refrigeración (refrigerar al abrir).

FABRICADO POR: Friesland Perú S.A.

Av. Javier Prado Oeste 355 San Isidro, Lima 27

VI 招待宴请　COMIDA DE NEGOCIOS

Registro Unificado: F11 0072739
RUC 29504318
Aust. San.: NAFR1531（Austeridad Sanitaria——编者）
Servicio al consumidor: 412-2484
PRODUCTO PERUANO
SUPERVISADO POR: FRIESLAND

参考译文：

草莓酸奶

100%全天然

含量：180ml

YoMost(此品牌)是一款有独特果味的酸奶佳品,100%全天然,不含防腐剂。YoMost产品无须冷藏保存(开启后需冷藏),可随意携带享用。

配料表：新鲜酸奶、草莓果肉、食用糖。

对消化系统无不良反应

YoMost是受Bella Holandesa公司保护的产品,采用最新的巴氏法灭菌技术和先进的包装,使其在非冷藏条件下完好保存六个月(开启后需冷藏)。

生产商：Friesland Perú S.A.

公司地址：Av. Javier Prado Oeste 355 San Isidro, Lima 27

统一注册号：F11 0072739

税号：RUC 29504318

卫生许可证：NAFR1531

客服电话：412-2484

秘鲁生产

监管机构：Friesland

菠萝汁说明 JUGO NATURAL DE PIÑA

Elaborado y envasado por LAIVE S.A.
Nicolás de Piérola 601, Ate. PERÚ
RU 9004351001
RSA-N-96-002425-DIGEMID
Ingredientes: concentrado de pulpa natural de piña,
jarabe de sacarosa estabilizador (CMC), vitamina C,

y reforzador de sabor piña.
Contenido neto: 200 ml
AGÍTESE ANTES DE CONSUMIR
Vencimiento: día /mes/año
perfore aquí
Mantengamos limpio nuestro país

参考译文：

此产品由LAIVE股份公司生产与包装
公司地址：Nicolás de Piérola 601, Ate. PERÚ
税号：RUC 9004351001
食品卫生许可证：N-96-002425-DIGEMID
配料：天然菠萝粉
　　　稳定处理的糖浆（CMC）、维他命C
　　　菠萝果味加重剂
净含量：200ml
饮用前请摇匀
保质期至：×年×月×日
由此打开
请保持我们家园的洁净

瓶装可乐说明 COCACOLA

envase no retornable

1/2 litro

contenido neto 0.5 L

consumir preferentemente antes de la fecha indicada en el envase

bebida gasificada contiene: agua carbonatada, azúcar, color caramelo, acidulante y saborizante.

参考译文：

不退瓶
1/2升
净含量：0.5升

请在包装指定日期前饮用

有汽饮料,配料:碳酸水、糖、褐色色素、酸味添加剂及调味剂

袋装紫玉米饮料说明书 CHICHA MORADA

Refresco sabor a chicha morada

3 litros

No necesita azúcar

Preparación: disuelva el contenido del sobre en 3 litros de agua fría hervida y remueva hasta disolver completamente.

Ingredientes:

Azúcar, acidulantes (E296, E330) edulcorantes (E950, E951, E954), saborizante, citrato de sodio (E331), sal, antihumectante (E341), espesante(E415) y colorantes permitidos(E102, E123, E133).

Información nutricional:

Tamaño de porción 201g(1g de mezcla +200ml de agua)

Rendimiento por sobre: 15 porciones

Valores referidos a una porción			%IDR*
Energía	2.48	kcal	0.12%
Proteínas	0.00	g	0.00%
Grasas	0.00	g	0.00%
Carbohidratos	0.59	g	0.20%

* Los porcentajes de valores de ingesta Diaria Recomendada están basados en una dieta de 2000 kcal.

Consérvese en lugar limpio, fresco y seco. (Referencia 20ºC y 70% HR)

Fabricado por:
Alicorp S.A.A.
Av. Argentina 4793
Callao – Perú

RUC: 20100055237
PRODUCTO PERUANO

参考译文：

紫玉米味冷饮

3升

无需加糖

饮用方法：将袋内装料（紫玉米晶）倒入凉白开水中搅拌直至全部溶解即可引用；本袋内可供3升水使用。

配料

食用糖、酸味剂（E296, E330）、甜味剂（E950, E951, E954）、调味剂、柠檬酸钠（E331）、食用盐、干燥剂（E341）、粘稠剂（E415）以及食用色素（E102, E123, E133）

营养成分表

将201g（1g玉米泥＋200ml水）视为一份，所提供参数为一份的参数。
每袋可分15份饮用

每份营养参考值		%IDR*
能量	2.48 大卡	0.12%
蛋白质	0.00 g	0.00%
脂肪	0.00 g	0.00%
碳水化合物	0.59 g	0.20%

* 建议每份摄入值的百分比，是按每天摄入总量为2000大卡计算的。

VI 招待宴请 COMIDA DE NEGOCIOS

请放置卫生、通风干燥处存放（摄氏20度或华氏70度为宜）
生产商：Alicorp S.A.A.
厂家地址：Av. Argentina 4793
Callao – Perú
税号：20100055237
秘鲁制造

皮斯科鸡尾酒配方 RECETA DE PISCO SÁWER

LICUAR CON:	用以下材料进行打汁：
Para 8-10 copas	配方为8~10杯用料
3/8 pisco	pisco酒(可用白酒代替)
1/8 jugo de limón	柠檬汁
2/8 miel o azúcar	蜂蜜或糖
1/8 clara de huevo	鸡蛋清
1/8 hielo partido (picado)	碎冰块
Gotas de "Amargo de Angustura"	加几滴香料
Servir en 8-10copas	分别装在8~10个杯子内
Finalmente agregar "canela molida" en cada copa	最后在杯里加桂皮粉

水果鸡尾酒配方 RECETA DE CÓCTEL DE FRUTA

LICUAR CON:	打汁用料：
Pisco	酒
Lata de frutas mixtas (surtidas)	什锦水果布丁罐头
Hielo partido	碎冰块
Azúcar (al gusto)	糖(随意,根据个人口味)

5 就餐相关用语 TÉRMINOS USADOS EN UNA COMIDA DE NEGOCIOS

饮料 BEBIDAS

agua mineral	矿泉水
un vaso de agua mineral	一杯矿泉水
una botella de agua mineral	一瓶矿泉水

bebida	饮料
bebida alcohólica	酒类饮品
bebida con gas	带气饮料
bebida sin gas	不带气饮料
café	咖啡
café con leche	加奶咖啡
café instantáneo	速溶咖啡
Coca-Cola	可乐
Coca-Cola con hielo	可乐加冰块
chicha morada	紫玉米饮料
licores	酒类,酒水
aperitivo	开胃品
tomar un aperitivo	喝杯开胃酒
brindis	敬酒(碰杯)
hacer(ofrecer,proponer) un brindis con uno	敬酒
catar vino	品酒
él es un buen catador de vinos	他很会品酒
cóctel (cocktail)	鸡尾酒
cocktail por aniversario de la empresa	庆祝公司成立周年酒会
receta de cóctel	鸡尾酒配方
invitar al cóctel	邀请参加酒会
degustación de los mejores vinos	美酒品尝
exquisito vino	美酒
invitar al vino	邀请参加酒会
pisco	皮斯科酒(秘鲁)
ron blanco	白酒(烈性酒)
cerveza	啤酒
vino	葡萄酒
vino blanco	白葡萄酒
vino blanco seco	干白
vino dulce	甜葡萄酒
vino laurel	桂花陈
vino semi-seco	半干葡萄酒
vino tinto	红葡萄酒
vino tinto seco	干红
whisky	威士忌
hielo partido (picado)	碎冰块
incluye gaseosas e infusiones	含饮料(碳酸饮料、煮制茶水咖啡等)

VI 招待宴请 COMIDA DE NEGOCIOS

jugo	果汁
jugo de fruta	柠檬汁
jugo de limón	木瓜汁
jugo de papaya	多味果汁
jugo surtido (jugo mixto)	汁
lata de frutas mixtas	什锦水果罐头
conservas de frutas mixtas	什锦水果罐头
leche	牛奶
leche condensada	炼乳
leche con hongos(fermentada)	酸奶
leche cortada	变质奶, 牛奶坏了
Refresco	冷饮
Refresco sabor a piña	菠萝味冷饮
yogurt	酸奶
yogurt de durazno	蜜桃酸奶
yogurt de fresa	草莓酸奶
yogurt para beber	酸奶饮料
licuar	打汁
licuar papaya	打木瓜汁
una copa de vino	一杯葡萄酒
una taza de té	一杯茶
unas gotas de leche	几滴牛奶
viene en botella no retornable	瓶装(不回收)
viene en polvo	粉状的
leche que viene en polvo	奶粉

饮料说明 DESCRIPCIONES DE BEBIDAS

100% natural	纯天然
acidulante	酸味
agítese antes de consumir	用前摇动一下
agua carbonatada	碳酸水
ausencia de efectos en el estómago	对胃无不良影响
Aust. San.(Austeridad Sanitaria)	卫生(许可证)
azúcar	糖
bebida gasificada	带气饮料(碳酸饮料)
Coca-Cola de 1/2 litro	半升装可乐
color caramelo	呈黄色
concentrado pulpa natural de piña	天然菠萝果肉浓缩汁

conservar intactas todas sus propiedades hasta por 6 meses sin refrigeración / refrigerar al abrir	6个月内无须冷冻就能完全保持原有品质,用时冰镇
consumir preferentemente antes de la fecha indicada en el envase	请于包装上所指日期前饮用包装所指日期
contenido neto 0.5 L	净重半升
contiene	具有
elaborado y envasado por LAIVE S.A.	由 LAIVE S.A.公司制作装瓶
envase	包装(液体)
envase no retornable (reciclable)	不退瓶
estabilizador	防腐剂(食品)
ingredientes	成分
jarabe de fruta	果浆
jugo natural de piña	菠萝汁
llevarlo donde tú quieras	携带方便
mantengamos limpio nuestro país	维护家园洁净
perfore (perforar o abrir) aquí	此处开口,吸管插口处
procedencia	产地
pulpa de fresa	草莓浆
pulpa natural de durazno	天然鲜桃果肉
reforzador de sabor durazno	浓缩桃味
registro unificado	统一注册号
R.S.A(reglamento sanitario de los alimentos)	食品卫生规定
RUC	税号
saborizante	香精
servicio al consumidor	消费者热线
su moderno envase	新式包装
sustancia química	化学成分
tiene un exquisito sabor a fruta	果味芳香(果香型)
vencimiento 27/01/11	有效期 2011年1月27日
vitamina C	含维生素 C

甜点和小食品 DULCES Y BOCADITOS PARA PICAR

almendra	腰果
bocaditos	小食品
bocaditos dulces	甜味小食品
bocaditos salados	咸味小食品
bocaditos picantes	辣味小食品

VI 招待宴请 COMIDA DE NEGOCIOS

bocaditos de bar	下酒小食品
entremesas	小食品
piqueos	小食品
camarón con almendras (langostinos)	腰果虾仁
castaña	栗子
en conserva	罐头
durazno en conserva	桃罐头
una porción de durazno en conserva	一份桃罐头
ensalada	沙拉
una ensalada mixta de verduras	一盘混合蔬菜沙拉
una ensalada mixta de frutas	一盘多味水果沙拉
fruta	水果
cereza	樱桃
chirimoya	奶油菠萝
ciruela	杏
coco	椰子
dátil	枣
durazno	桃
fresa	草莓
fruta en conserva	罐头水果
fruta fresca	鲜果
fruta seca	干果
granada	石榴
gunábana	山番荔枝（类似奶油菠萝）
kiwi	猕猴桃
lichi	荔枝
mandarina	橘子
mango	芒果
manzana	苹果
melón	白兰瓜
mora	桑葚
naranja	橙子
papaya	木瓜
pasas	葡萄干
pasas de ciruela	杏干
pasas de uva	葡萄干
piña	菠萝

plátano	香蕉
pomelo	香檬(一种酸味水果)
sandía	西瓜
toronja	柚子
tuna	仙人果
uva	葡萄
lata	罐(听)
una lata de durazno	一个桃罐头
una lata de cerveza	一听(罐)啤酒
maní	花生
nuez	核,核桃(圆)
pecana	核桃(长形)
pistacho	开心果
plato de fruta seca	干果盘
postres	甜食,甜品

粮食 CEREALES

arroz	米,米饭
arveja	豌豆
camote	白薯
haba	蚕豆
harina de trigo	面粉
maíz	玉米
mijo	小米
sésamo	芝麻
sorgo	高粱

菜名 PLATOS

anticucho	烤(肉)串
anticucho de corazón de res	烤牛心串
anticucho de pescado	烤鱼肉串
anticucho de carne	烤肉串
anticucho de pollo	烤鸡串
arroz crocante al estilo mixto	什锦锅巴
beefsteak	牛排
bistec	牛排
carne	肉,肉类

VI 招待宴请 COMIDA DE NEGOCIOS

  carne de ave   家禽肉
  carne de avestruz   鸵鸟肉
  carne de carnero   羊肉
  carne de cuy   豚鼠肉
  carne de chancho (porcino)   猪肉
  carne de ciervo (venado)   鹿肉
  carne de codorniz   鹌鹑肉
  carne de conejo   兔肉
  carne de gallo   母鸡肉
  carne de ganso   鹅肉
  carne de llama   驼羊肉
  carne de oveja   羊肉
  carne de pato   鸭肉
  carne de pavo   火鸡肉
  carne de pescado   鱼肉
  carne de pollo   鸡肉
  carne de rana   田鸡肉
  carne de res   牛肉
  carne de tortuga   海龟肉
  carne tierna   嫩肉
  lomo   里脊
  lomo de res   牛里脊
  lomo fino   嫩里脊, 里脊精肉
ceviche   生拌海鲜
  ceviche de pescado   生拌鱼
  ceviche mixto de maríscos   生拌什锦海鲜
  ceviche espacial con erizo   海胆生拌海鲜
chicharrón   焦炸(肉块)
  chicharrón de pescado   炸鱼块
  chicharrón de pollo   炸鸡块
  chicharrón de maríscos   炸海鲜块
Chuleta   烤肉串
Chuleta de pollo(chancho)   鸡肉(猪肉)串
comida rápida   快餐
  hamburguesa   汉堡包
  hamburguesa de carne   牛肉汉堡包
  hamburguesa de pollo   鸡肉汉堡包
  hamburguesa tipo Kentucky   肯德基汉堡包

hamburguesa tipo McDonald´s	麦当劳汉堡包
sándwich de pollo	三明治
sándwich de jamón	火腿三明治
hotdog (perrito caliente)	热狗
costilla	排骨
costillas de chancho con salsa agridulce	糖醋排骨
desayuno	早餐
desayuno americano	美式早餐
desayuno occidental	西式早餐
el segundo	二道盘
ensalada	凉拌菜,色拉
entradas	头盘
especialidades del restaurante	特别菜类
estilo de comida	饭食风味
al estilo local	地方风味
al estilo mixto	什锦风味
al estilo tailandés	泰式风味
al estilo típico	地道风味
de diferentes estilos	不同风味
campestre	乡间风味
huevo	（鸡）蛋
huevo de codorniz	鹌鹑蛋
huevo de tortuga	海龟蛋
huevo duro	煮鸡蛋
huevo frito en forma revuelto	炒鸡蛋
huevo frito	煎鸡蛋
huevo pasado	清水鸡蛋
huevo entero	整鸡蛋
clara de huevo	蛋清
yema	蛋黄
langostas al ajo a vapor	蒜茸龙虾
lechón	烤乳猪
mariscos	海鲜类
camarón	虾
camarón de río	河虾
cangrejo	蟹
caracoles	海螺,螺丝
choro (mejillones)	贝,蚶

VI 招待宴请 COMIDA DE NEGOCIOS

concha	扇贝
erizo	海胆,海蛎子
langosta	龙虾
langostino	对虾,虾仁
langostino mediano	对虾(中等大小的)
macha	蛤蜊
malagua	海蛰
navaja	蛏子,刀背鱼
ostra	蚝,牡蛎
ostrón (ostión)	蚝,牡蛎(大的)
palabrita	海瓜子
plato con mariscos mixtos	海鲜拼盘
yuyo	海菜
menú	份饭
menudencia	下水,内脏
parrilladas	烤肉,铁板类
calamar con tausi a la plancha	铁板豆豉鱿鱼
camarón con tausi a la plancha	铁板豆豉虾球
carne de res con tausi a la plancha	铁板豆豉牛肉
carne de res con salsa ostión a la plancha	铁板蚝油牛肉
combinación de mariscos a la plancha	铁板三鲜
pollo con tausi a la plancha	铁板豆豉鸡
pato asado	烤鸭
pato asado al hilo con salsa inglesa	七彩火鸭丝
pato pekinés (auténtico) en dos cursos	(正宗)北京鸭,一鸭两吃
pato laqueado	烤鸭
pato laqueado	烤鸭
tortilla de harina empaquetada	薄饼卷
con pato al horno cebolla china y	烤鸭和大葱
salsa especial de soya	甜面酱
pescado	鱼
ballena	鲸鱼
calamar	墨斗鱼,鱿鱼
congrio	康吉鳗鱼
corvina	石首鱼,石斑鱼
cherne	石斑鱼
chita	奇塔鱼(译音)
choco	墨斗鱼(小)

espada	带鱼
filete de pescado	鱼肉片(去皮去刺)
jurel	竹荚鱼
lapa	鲍鱼
lenguado	偏口鱼
monco	墨斗鱼(大)
pescados azules (sin escama)	无鳞鱼
pescado fresco	鲜鱼
pescado crudo	生鱼
pota	大鱿鱼
pulpo	章鱼
robalo	鲈鱼
salmón	三文鱼,鲑鱼
sardina	沙丁鱼
tiburón	鲨鱼
trucha	鳟鱼
agallas	鱼鳃
cabeza de pescado	鱼头
escama	鱼鳞
cola de pescado	鱼尾
huevera	鱼籽
la parte central de un pescado (espinazo)	鱼中段
plato principal	主盘
plato	盘,盘菜
un plato de carne	一盘肉
un plato de carne en dos porciones	一盘肉,分两份
plato chino	中餐
plato mixtos	拼盘
plato especial de la casa	饭店特色菜
platos preparados con originales recetas orientales	正宗东方菜
platos suculentos	美味佳肴
pollo al limón	柠檬鸡
salchicha	香肠
servirse	上(饭、菜),摆(桌),倒(酒),盛(饭)

VI 招待宴请 COMIDA DE NEGOCIOS

sopas y caldos	汤类
caldo(sopa) medicinal	药膳汤
caldo	汤（肉汤、面汤）
parihuela	海鲜汤
sopa de arroz	粥
sopa de dieta	素汤
sopa	汤（清水汤）
té chino típico	地道的中国茶
té chino verdadero	真正的中国茶
una porción de papas fritas	一份炸薯条
verduras	蔬菜类
vísceras	内脏，下水

调料 CONDIMENTOS

ajinomoto	味精
aroma	香料
artina	枸杞子
azúcar	糖
canela	桂皮
fécula	食用淀粉
almidón	浆洗淀粉
ingredientes	作料，配料
mantequilla	黄油
mermelada	果酱
mermelada de fresa	草莓酱
mermelada de manzana	苹果酱
mostaza	芥末
pimienta	胡椒
queso	奶酪
sal	盐
salsa	酱
salsa de tomate	西红柿酱
salsa de soya	黄酱
salsa especial	特制酱
sillao	酱油
vinagre	醋

烹饪方式 FORMA DE COCINAR

a carbón	用炭烤
a la brasa	炭烧烤
pollo a la brasa	烤鸡
a la leña	用柴
asado	烧烤
a la piedra	石板烧烤
carne a la piedra	石板鱼
a la plancha	铁板烧
lomo fino a la plancha	铁板烧嫩牛肉
cocinado a parrillas	烧烤
cocinar a vapor	蒸
pescado a vapor	清蒸鱼
freír	煎
fritar	炸
papa frita	炸薯条
guisar	烹调，烹饪
laquear	烤
pato laqueado de Beijing	北京烤鸭
sancochar	煮
tostar	炒

蔬菜 VERDURA

ají	辣椒
ají panca	干辣椒
ajo	蒜
ajo chino	韭菜
algas	海藻
alverja	荷兰豆
apio	芹菜
berenjena	茄子
brócoli	绿菜花
brote de soya (frijol chino)	黄豆芽
calabaza	南瓜
cebolla	葱头
cebolla china	小葱
chaiva (melón de invierno)	冬瓜
champiñón	鲜蘑菇

VI 招待宴请 COMIDA DE NEGOCIOS

chusany	芯菜
col	圆白菜
col china	白菜
coliflor	菜花(白色)
colocasia	芋头
espárrago	芦笋
espinaca	菠菜
frijol	菜豆
frijol chino	豆芽菜
holantao	荷兰豆
hongo	蘑菇
kion	姜
lechuga	生菜,莴苣
nabo	萝卜
nabo en cultivo	腌萝卜
colza	油菜
palsamina	苦瓜
papa	土豆
pepino	黄瓜
picles	小黄瓜
poro	大葱
rábano	小红萝卜
rocoto	柿子椒
tomate	西红柿
vainita	扁豆
verdura	青菜(统称)
hortalizas	菜园里的菜
legumbre	豆荚类蔬菜
yuca	木薯
zanahoria	胡萝卜
zapallito italiano	西葫芦
zapallo macra	小西葫芦

餐具 UTENSILIO

copa	高脚杯
horno	烤炉,烤箱
microondas	微波炉
individual	用餐时个人的垫布

jarra	罐,大杯
mantel	桌布
olla	饭锅
olla de alta presión	高压锅
palitos	筷子
panera	盛面包的器皿
plato	盘,盘菜
plato hondo	深盘
plato tendido	浅盘
recipiente	容器
sartén	平底锅
servilleta (de tela o de papel)	餐巾(餐巾纸)
taza	瓷杯
tenedor	叉子
termo	暖瓶
termo eléctrico	电暖瓶
utensilio	餐具
cuchara	勺子
cuchillo	刀子
cucharón	大饭勺
vasija	容器
vajilla	容器
vaso	玻璃杯

其他 OTROS

agasajo	宴会
banquete	宴会
un banquete	一席酒
celebrar (ofrecer) un banquete	举行宴会
buffet	自助餐
cena navideña	圣诞晚餐
la empresa da una cena por navidad	公司圣诞节晚宴
ofrecer una cena por fiestas patrias	国庆节晚餐宴请
organizar una cena navideña	组织圣诞晚宴
comida con motivo de auspicio a	赞助晚餐
comida de camaradería	联谊餐
comida de camaradería por el día de las secretarias	秘书节联谊午餐
comida por 3er aniversario de boda	结婚三周年庆祝餐

VI 招待宴请 COMIDA DE NEGOCIOS

comida por aniversario de la empresa	公司成立x周年宴请
comida por aniversario de matrimonio de	某夫妇结婚纪念日宴请
comida por motivo de cumpleaños	生日餐
comida de fiestas	节日餐
comida de recepciones	招待会
comida de trabajo	工作餐
almuerzo de trabajo	工作午餐
desayuno de trabajo	工作早餐
blando	软的
pan blando	软面包
carta	菜单(点菜的菜单)
consumos a la carta	点菜消费
menú	菜单(份儿饭的菜单)
comida	饭,食品
comida clásica	传统食品
comida deliciosa	可口的,美味的(早、中、晚)餐
comida dietética	素食
comida excelente	极好的(早、中、晚)餐
comida favorita	偏爱的、喜欢的食品
comida naturista	营养食品
comida (bien) rica	很香的饭
comida sana	健康食品
comida tónica	滋补食品
comida con sus variedades	丰盛,品种繁多
comida tiene mucha variedad	丰盛,品种繁多
comida medicinal	药膳
comida muy variada y surtida	丰盛的(午、晚)餐
comida occidental	西餐
comida rápida	快餐
comida sana	保健食品
comida suculenta	美餐
crocante	脆的
degustar (degustación)	品尝
disfrutar de la gran variedad de platos	享用丰盛的菜肴
duro	硬的
pan duro	硬面包
estoy inapetente	我没胃口
no me da apetito	我没胃口

no me da ganas de comer	我不想吃
no tengo apetito	我没胃口
no tengo hambre	我不饿
festival culinario	美食节,烹饪节
festival gastronómico	美食节
nutrición	营养作用
nutrir	营养
nutritivo	有营养的
es muy nutritivo el plato	这盘菜很有营养
pedir la carne asada en el restaurante	在饭店要烤肉
¿qué término desea?	要什么火候的？要几成熟？
Poco hecha casi cruda	少烤一会儿,半生的,三成熟
En su punto	适中,正好,不软不硬的,五成熟
Muy hecha	多烤一会,烤得透一点,七成熟
sabor	味道,口味
a sabor picante	辣的
a sabor dulce	甜的
a sabor amargo	苦味的
a sabor ácido	酸味的
satisfacer(agradar)los paladares	一饱口福
restaurante	饭店
chifa	中餐馆(从汉语吃饭两字演变而成,在部分南美国家通用)
Chifa Real	皇家饭店
salón privado	(饭店的)单间
servirse	上(饭、菜),摆(桌),倒(酒),盛(饭)

VII 用西语打电话
HACER LLAMADAS TELEFÓNICAS EN ESPAÑOL

Para trabajar en una empresa de habla española, hacer llamadas telefónicas es una de las capacidades básicas indispensables.

Comunicarse por teléfono a través del idioma español es más difícil que un diálogo presencial,es decir, cara a cara; de modo que ante la falta de gestos del interlocutor, que sirven para ayudar al entendimiento recíproco de ambas partes, es imprescindible conocer los términos usados para hacer llamadas en el idioma español, razón por la que estamos preparando los materiales siguientes.

用西语打电话,是西语企业工作必须具备的基本能力之一。

电话交流比面对面对话困难,除了没有表情、手势相助之外,还必须掌握西班牙语通话的习惯用语,这也就是编写这部分材料的初衷。

电话机 Equipo telefónico
- Quiero hacer una llamada, ¿quién tiene teléfono? 我想打个电话,谁有电话?
- El mío ya no funciona. 我的已经不能用了。
- El mío está malogrado. 我的坏了。
- No tengo teléfono, la señora María lo tiene. 我没有电话。马丽娅太太有。
- ¿Podría Ud. prestarme su teléfono? 您能借我电话用用吗?
- ¿Puedo (podría) usar el (o su) teléfono? 我能用一下您的电话吗?
- No hay problema, aquí tiene mi celular. 没问题,您用我的手机吧。
- Hay un teléfono público en la esquina de la calle. 街拐角处有个公用电话。

电话号码 Número telefónico
- ¿Cuál es su número telefónico？
  ¿Qué número tiene Ud.? 您的电话号码是多少?
- Mi número es el 147. 我的电话号码是147。
- ¿A quién deseas llamar? 你想给谁打电话?

- Angel, un cliente muy importante,¿tienes su número?
  安赫尔，一个很重要的客户，你有他的号码吗？
- Claro lo tengo, él es un amigo de años(un amigo de toda la vida).
  当然有啦，一个多年的老朋友了。
- ¿Tienes a mano lapicero y papel? Apúntalo, te lo digo ahora mismo.
  你手头有笔和纸吗？我现在就告诉你，你记一下。
- Un momentito, voy a sacar (traer) un papel. 等会儿啊，我拿张纸来。
- Ya está,dime no más. 准备好了，你说吧。
- El fijo: 4567123, el celular: 136456789. 座机是4567123，手机是136456789。
- De su casa (domicilio), 1234567; de la oficina, 4567123.
  家里电话是1234567；办公室电话是4567123。
- El del central, 0086-10-4567123; anexo, 503. 总机是0086-10-4567123，分机是503。
- 86 es el código (el prefijo) del país, y el 10, es el de la ciudad.
  86是国家区号，10是城市区号。
- Intenté aquel día llamar con ese Código, pero no me salió.
  那天我用这个区号打过，没打通。
- ¿Le ha llamado con el aparato de la oficina? Lo que pasa es que tiene contraseña para evitar llamadas personales, con motivo de no tener ninguna relación con el trabajo.
  你是用办公室的电话机打的吗？那电话有密码，不让打非工作的私人电话。
- ¿Qué contraseña tiene? 密码是什么？
- Recién se ha instalado la línea internacional, todavía con su contraseña inicial, que es la siguiente:465. Puede cambiar su contraseña en la sección Mi Cuenta después de entrar al sistema.
  新开通的国际长途，还是初始密码，密码为456，进入系统，在"我的账户"中，可以更改密码。

接听电话 Contestar una llamada

- El teléfono está sonando (timbrando). 电话铃响了。
- Por favor, contesta el teléfono. 劳驾，请你接一下电话。
- ¿Podría contestarlo?
  ¿Podría levantar el fono? 您能接一下电话吗？
- Cómo no (o por supuesto, claro que sí,claro), enseguida. 当然可以，我这就去。

电话不通 No hay línea

El señor Li levanta el fono y contesta:
李先生拿起话筒并回答：

VII 用西语打电话 HACER LLAMADAS TELEFÓNICAS EN ESPAÑOL

- No hay línea.

  No suena.

  No tiene tono.

  (电话)没声,电话不通。

- Ya está en comunicación.

  Ya hay línea.

  (电话)通了。

- El teléfono se interrumpió.

- El teléfono se cortó.

  电话(中途)断了。

- Él vuelve a llamar. 他又打一次。

- El teléfono está ocupado.

  El teléfono suena ocupado. 电话占线。

- Disculpe, el teléfono al que está llamando está fuera de servicio. 对不起,您拨的电话已停机。

- Disculpe, el teléfono al que está llamando está apagado. 对不起,您拨的电话已关机。

- Disculpe, el teléfono al que está llamando está comunicando. No cuelgue, por favor.

  对不起,对方正在通话,请别挂机。

- Disculpe, no existe el número al que ha llamado. 对不起,没有这个电话号码。

- Disculpe, el teléfono está fuera de la cobertura del servicio. 对不起,您拨的电话不在服务区。

- Disculpe, ésta es la línea de las secretarias. Deje su mensaje, por favor.

  对不起,这里是秘书台,请留言。

- Disculpe, en estos momentos no podemos atenderle. Deje su mensaje después de la señal. Gracias. 对不起,现在无法接通,听到信号后请留言。

打错电话 Una llamada equivocada

- Aló, buenos días, ¿con quién desea? 喂,你好。找哪位?

- Aló, buenos días, por favor, con el Sr. Pedro. 喂,你好。劳驾,请找一下佩德罗先生。

- ¿Con quién? En la oficina nadie se llama Pedro. 找谁? 这办公室没人叫佩德罗。

  Tal vez se ha equivocado, ¿qué número ha marcado? 您可能打错了。您拨的什么号?

- El 137. 137。

- No, equivocado, es el 147. 错了。这是147.

- Discúlpeme (perdóneme) por la molestia. 对不起。打扰了。

- Por nada.

  De nada.

No hay de qué.

Qué ocurrencia.

No se preocupe. 没关系。

- Muy amable, Hasta luego. 您真热心，再见。

通话开始 Empezar una llamada

- Aló, buenos días. 喂，你好。
- Buenos días, ¿me puede comunicar (pasar) con el señor Wang ?
  您好，您能帮我叫一下王先生吗？
- Perdón, ¿de parte de quién ?

  Perdón, ¿con quién hablo ?

  Perdón, ¿quién es ?

  Perdón, ¿quién habla ?

  Por favor, dígame su nombre.

  对不起，请问您是哪位？
- De parte de Gloria.

  Soy Gloria.

  Habla Gloria.

  Ella habla.

  Con la Sra. Gloria.

  Con ella habla.

  Con ella está hablando.

  Mi nombre es Gloria.

  我是格洛丽娅。
- Dígame, él habla. 请讲，我就是(王先生)。

  Ya, te voy a comunicar. 好，我这就去叫。

  Un momentito, allí viene él, te paso. 稍后，他来了，我让他接电话。

挂断电话 Cortar y colgar el teléfono

- ¿Colgaste el teléfono? 你把电话挂断了？
- Sí, se cortó por mi descuido. 我不小心把电话挂断了。
- Tuve que cortar(colgar), me estaba llamando mi jefe. 我的领导叫我来着，我只好挂断了。
- No, se cortó sin motivo. 没有啊，电话无缘无故断了。
- Se cortó solito. 电话自己断了。

VII 用西语打电话 HACER LLAMADAS TELEFÓNICAS EN ESPAÑOL

- No me queda crédito (dinero) en el móvil (celular). 我手机没钱了。
- Tengo que recargar el móvil.
  Voy a meter dinero al móvil. 我该给手机充值了。
- Se acabó la batería del móvil. 手机没电了。
- Se me está acabando la batería, tengo que cortar, te vuelvo a llamar con el fijo.
  手机要没电了，我挂了啊，我再用座机给你打过去。

通话结束 Terminar una llamada
- ¿Tú me entiendes(entendiste)¿ 你听懂我的意思了吗?
- ¿En qué sentido? (¿A qué se refiere?) 你指的是……?
- En el contenido recién mencionado. (Al contenido recién mencionado.) 指刚刚说的事。
- Ya, yo te entiendo.
  Ya, yo te entendí.
  懂，我明白。
- Estoy perfectamente (totalmente) entendido. 我完全听懂了。
- No hay ningún problema, no te preocupes. 没问题，放心吧。
- ¡Cualquier cosita, me llamas! 有事你就给我打电话吧!
- Bueno, ya termino, que te pase (vaya) bien. chao. 我说完了。祝你顺利，再见。
- Listo, de igual manera (igualmente), chao. 好吧，也祝你顺利，再见。

转接电话 Transferir una llamada
- ¡Aló! Buenos días. 喂！你好。
- Buenos días.¿en qué puedo servirle? 您好，您有什么事?
- Quisiera hablar con el señor Fernandes, ¿me podría transferir la llamada?
  我想找一下费尔南德斯先生，您能给我转一下吗?
- ¡Aló, por favor, ¿de qué dependencia? 喂，劳驾您是哪单位的?
- De la empresa Cominpe. 是Cominpe公司的。
- Cómo no, espere un momento. 当然可以，请稍候。

- ¡Aló! 喂!
- ¡Aló. 喂!
- Por favor, ¿es la oficina de la Gerencia？劳驾,是经理办公室吗?
- Sí, justamente, ¿con quién desea hablar？正是,您找那位?
- Por favor, con el señor Gerente. 劳驾,找一下经理。

- ¿De parte? 您是哪位？
- De Pablo. 佩德罗。
- A ver, le paso, un momentito. 好，我转给他，请稍候。
- A veces no sale, a ver, voy a intentar, ¡no cuelgues!
  有时候转不过去，我试试，你别挂电话啊！
- Gerente, su teléfono. 经理，您的电话。

对方不在 No se encuentra

- ¿Me puede comunicar con el Sr. Santiago? 您能给我找一下圣蒂亚戈吗？
- Perdón, no se encuentra. 对不起，他不在。
- Entonces, llame al señor González, por favor. 劳驾，那叫一下贡萨雷斯。
- Qué lástima, él tampoco. 真遗憾，他也不在。
- ¿A qué hora se encuentra (se vuelve)? 他几点能在（回来）？
- Normalmente a las 4, pero llame a las 5, es más seguro.
  一般4点在，不过你5点打吧，保险点儿。
- Ya, muy amable. Gracias. 好吧，您真热情。谢谢。
- No hay de qué. 不客气。

- ¿Está el señor Ismael?
  ¿Se encuentra por allí el señor Ismael?
  伊斯马埃尔在你那儿吗？
- Un momentito, por favor. 请稍候。
- Gracias, entonces espero. 谢谢，我等着。
- El señor Ismael no se encuentra aquí. 伊斯马埃尔没在这儿。
- Por favor, ¿dónde lo puedo ubicar? 劳驾，我在哪儿能找到他？
- Está en la Gerencia, llame al 215. 他在经理办，你拨一下215。
- Gracias. 谢谢。

- ¿Sería tan amable de comunicarme con el señor Óscar? 能麻烦您找一下奥斯卡先生吗？
- ¿Podría hacerme el favor de comunicarme con el Sr. Lara? 您能帮我找一下拉腊先生吗？
- Dígame, él habla. 请讲，我就是。
- El no se encuentra, ¿lo puede volver a llamar más tarde? 他不在，你能一会儿再来电话吗？
- Ha salido, apenas viene yo te paso la voz. 他出去了，等他一回来，我就告诉你。
- Cómo no, Gracias, hasta luego. 好吧，谢谢，再见。

VII 用西语打电话 HACER LLAMADAS TELEFÓNICAS EN ESPAÑOL

- Aló, ¿Con quién hablo? 喂,您是哪位?
- Aló, ¿Con quién desea? 喂,您想找谁啊?
- Por favor, ¿está el señor Mario? 请问,马里奥先生在吗?
- Sí, está, pero se encuentra ocupado (está en una reunión; está hablando por otro teléfono; está con otra llamada de larga distancia).
  在,但他正忙着呢(他在开会;他在打电话;他正在接一个长途)。
- ¿A qué hora puedo llamarlo? 我几点能给他打电话?
- A partir de las 3 de la tarde. 3点以后吧。
- Puede llamarlo entre las 4 y las 5 de la tarde, más seguro. 您下午四五点打,更有保障。

留言转告 Dejar mensaje

- Por favor, con el señor Mario. 劳驾,请找一下马里奥先生。
- Aló, no se encuentra, ¿algún encargo (mensaje)? 喂,他不在。有事要转告吗?
- Sí, por favor dígale que le ha llamado Pedro. 劳驾,请您告诉他,就说佩德罗给他打过电话。
  Nada de importancia, sólo para saludar. 没什么要紧事,只是问候一下。
  No se moleste, vuelvo a llamar más tarde. 不麻烦你了,我回头再给他打吧。
- ¿Hace falta decirle que le retorna una llamada? 要他给你回电话吗?
- Bueno, si es posible, tengo algo que consultar. 好吧,如果方便的话,我想问点儿事。

回拨电话 Retornar una llamada

- Hola Pedro, ¿me has llamado en la mañana? Tengo 3 llamadas perdidas de tu móvil.
  喂,佩德罗,上午你给我打电话了?我手机有3个你的未接电话。
- Sí, te llamé al móvil, no contestabas; y en la oficina, me dijeron que no te encontrabas.
  是啊,给你打电话了。打手机没人接;打到办公室,他们说你不在。
- Perdona, tenía el celular en silencio porque estaba en una reunión. No he podido llamarte antes.
  对不起啊,我有会,手机调成静音了。事先也没能给你打个电话。
- Perdona, no está conmigo el celular. Lo dejé olvidado en casa.
  对不起啊,我没带手机。我把手机忘在家里了。
- Se acabó la batería del celular. 我的手机没电了。
- Estoy cargando el celular. 我的手机正在充电。
  El celular se está cargando.
- ¿Se trata de algo urgente? Déjame un mensaje en adelante, en casos así.
  事情急吗?以后有急事就给我留个言吧。

企业应用西班牙语

多次拨打 Llamar repetidas veces

- Por favor, haga una llamada al gerente Julio, con quien tratamos los asuntos pendientes.
  给胡里奥打个电话,处理一下遗留问题。
- Muchas veces le he marcado (llamado), o no contesta o contesta una contestadora（operadora）automática. 打了好多次了,不是没人接就是自动回复。
- Le he llamado 3 veces ya, voy a seguir llamando. No te preocupes.
  我都给他打了三次了,我接着再打,你放心吧(你别着急)。
- Justamente le iba a llamar. 我正要给他打呢。
- Le vengo llamando desde ayer. 我从昨天就一直在打。
- Estoy por llamar. 我这就要打呢。
- Le estoy llamando. 我一直在打。

自动接听 Contestador automático

- La empresa COMINPE S.A.
  Si quiere contactar con servicio de atención al cliente, marque 1.
  Si desea contactar con el departamento comercial, marque 2.
  Si quiere que le atiendan personalmente, marque 0.
  这里是科敏佩公司,客户服务部请拨1,销售部请拨2,人工服务请拨0。

特殊情况 Caso especial

- ¿Hay alguien en tu oficina? 你办公室有人吗?
- ¿Estás (te encuentras) solo? 只有你一个人吗?
- Yo te cuento algo confidencial. 我和你讲点儿保密的事。
- Sí, estoy solito. Dime no más. 就我一个人,讲吧。
- No, no se puede. Yo te devuelvo la llamada, ¿qué te parece? 不行,一会儿我给你打,怎么样?
- Bueno, cómo no, ¿a qué hora más o menos? 好吧,当然可以,大概几点?
- Te voy a llamar dentro de media hora. 过半小时我给你打。
- Bueno, te espero, hasta luego. 好,当然可以,我等你电话。再见。
- Hasta luego. 再见。

电话寒暄 Saludos por teléfono

- Aló, habla Antonio, ¿podría decirme con quién hablo? 喂,我是安东尼奥,你哪位呀?
- Con Ángel, ¿con quién desea? 我是安赫尔,你找哪位呀?

VII 用西语打电话 HACER LLAMADAS TELEFÓNICAS EN ESPAÑOL

- Hola, Angelito, qué gusto de escucharlo, ¿de dónde me está llamando? ¿dónde ha estado (escondido)? Hace tiempo que no lo he visto, ¿Y cómo está?
  喂, 小安赫尔, 很高兴能听到你的声音, 你从哪儿给我打电话啊？你去哪儿了（你躲哪儿去了）？好久没看见你了, 你好吗？
- Bien, gracias. Ya he regresado de China. Felizmente todo está bien, ¿y tú?
  挺好的, 谢谢。我从中国回来了。还算幸运, 都不错啊, 你呢？
- Bien, gracias. 好, 谢谢。
- Y ¿cómo está su señora? 你太太怎么样啊？
- Igualmente, está bien, gracias por su preocupación por ella.
  她也挺好, 谢谢你惦念（挂念）她。
- Salúdela de mi parte y dígale que la extrañamos mucho.
  替我向她问好啊, 告诉她我们很想念她啊。
- Muchos saludos a ella, y dígale que siempre la recordamos.
  问她好啊, 告诉她我们一直想着她。

网络通话 Conversación telefónica por Internet

- ¿Estás en línea (Estás conectado al Internet)? 你在线吗（你在网上吗）？
- No, no estoy en línea, voy a conectar, si me quieras.
  我没在网上, 你要是想让我上, 我现在就去上。
- Sí, estoy conectado. 在, 在网上（在线）。
- Pero no te veo. 可我看不见你啊。
- Estoy (en estado) invisible. 我是隐身状态。
- Vamos a conversar por MSN (Messenger). 我们网上用MSN聊吧。
- Vamos a conversar en Internet por web cam. 我们用视频聊天吧。
- Acepta la invitación que te envío. 我发邀请, 你接受啊。
- Mira, te mando una invitación para hablar (conversar) con web cam. Da al botón "Aceptar".
  咱们视频聊吧, 我发邀请, 你点一下"接受"。
- Te voy a mandar unas fotos de la conferencia recién convocada.
  我把刚开完的那个会的照片给你传过去。
- No veo bien la foto que me has mandado.
  La foto que me has mandado está borrosa.
  你传过来的照片不清晰啊。
- El Internet va muy lento.
  La descarga va lentísima.

Tarda mucho en descargar la foto.
照片传得太慢了。

Mejor comprime el archivo. 你最好把文件压缩一下吧。

- Mándame un archivo comprimido para que vaya más rápido.
  给我传压缩文件吧,这样快一点。
- Oye, que no he recibido el archivo que me mandaste. 唉,我没收到你发给我的文件啊。
- Vuelve a mandármelo otra vez, por favor. 劳驾,你再发一次吧。
- Bueno, lo voy a hacer. 好,我现在就发。

  Sobre el documento que me pediste, lo voy a escanear y mandar por correo.
  至于你向我要的文件,我会扫描后,通过邮箱给你传过去。
- Mejor por vía fax, ya que no funciona bien el Internet en los últimos días.
  还是通过传真发吧,这两天网络不太好用。

联系走访 Coordinar por teléfono una visita

- Aló, ¿es la compañía BUENA VENTURA? Hablo desde la compañía COMINPE.
  劳驾您是好运公司吗?我是科敏佩公司。
- Así es, ¿en qué puedo servirle? 我是好运公司,您有什么事(有何贵干)?
- Así es, unos ejecutivos de mi empresa quisieran hacer una visita a su entidad, ¿con quién puedo tratar este asunto? 我公司领导有意访问贵公司,我应该与谁联系?
- Se encarga de tales coordinaciones el departamento de Relaciones Públicas, la oficina con la que conversa es la Gerencia General. 我这里是总经理办公室,您和我们公司公关部联系吧。
- ¿Podría comunicarme su número telefónico? 您能告诉我他们的电话号码吗?
- El central es el mismo, su anexo es 408; teléfono directo es 45678124
  总机是同一个,分机是408,直播机号码是45678124。
- Gracias, muy amable. 谢谢。
- No hay de qué, estoy para servirle. (De nada, estoy a su disposición.) 不客气,是我该做的。

- Relaciones Públicas de BUENA VENTURA, ¿De parte? 这里是好运公司公关部。您是哪位?
- Hablo de la Compañía COMINPE, ¿sería tan amable de disponer una visita para nosotros?
  我是科敏佩公司,您能给我们安排一次走访吗?
- ¿De parte de quién? Y ¿para cuántas personas? 要来的人是谁啊,来几位?
- Nuestro gerente de producción con 2 ingenieros. En total 3.
  我们生产经理和两个工程师,一共三个人。
- ¿Y el motivo?

VII 用西语打电话 HACER LLAMADAS TELEFÓNICAS EN ESPAÑOL

¿Cuál es el motivo?
¿Con qué motivo?
走访的目的呢?

- Para hacer una investigación del (sobre el) proceso de producción.
对生产流程进行一下调研。
- Mejor me manda un documento por escrito con que voy a coordinar.
你给我发个书面材料吧，我去联系。
  Bueno, así quedamos, lo voy a tipiar (pasar a ordenador) y te lo mando.
好吧，就这么说定了，我把它打了(打成电子文档)给你发过去。

- Hola, te estoy enviando un fax de los datos, incluso el Itinerario. En cuanto te llegue, haz el favor de llamarme para confirmar que lo has recibido.
喂，我把资料用传真给你发过去了，还有一张行程表，接到后你给我回个电话确认一下。
- Bien, no te preocupes. 好吧，你就放心吧。
- Ya lo he recibido, pierde la preocupación. 收到了，别惦记着了。

打电话用语 Términos usados de llamadas

Aló, ¿con quién hablo?	哪位?
Aló, ¿diga?	哪位?请讲。
¿quién habla?	哪位?
¿de parte de quién?	哪位?(南美常用)
¿si? (levantando el tono)	哪位?(语调上升)
¿Con quién quiere hablar? (usar con amigos muy íntimos, ya que es más informal)	哪位?(很熟悉的人可用)
¿con quién desea hablar?	您找哪位?
La empresa COMINPE S.A., ¿Con quién desea?	这里是科敏佩公司,您找哪位?
celular(el móvil)	手机
acabarse la batería del móvil	手机没电了
celular sin batería	手机没电了
celular apagado	手机关机
celular prendido(encendido en España)	开着手机
celular en silencio	手机设在静音状态
celular en modo vibración	手机在振动状态
celular sin cobertura	手机不在服务区

cargar el celular	手机充电
meter dinero al móvil	给手机充值
recargar el móvil	给手机充值
código/el prefijo	区号
código (el prefijo) del país	国家区号
código (el prefijo) de la ciudad	城市区号
contestar una llamada	接听电话
contestador（operador）	接线员
contestador（operador）automático	自动回复
contraseña	密码
contraseña inicial es la siguiente:	初始密码
cambiar la contraseña	修改密码
contraseña actual	原密码(现密码)
nueva contraseña	新密码
confirme nueva contraseña	确认新密码
conversación telefónica por Internet	网络电话
conversar en Internet por web cam	网上用视频交谈
conversar por MSN (Messenger)	网上用MSN交谈
dejar mensaje a uno	留言
el archivo comprimido	压缩文件
enviar (mandar) un fax de	发送传真
escanear un documento	影印文件
estar en estado invisible	处在隐身状态
estar en línea	在网上,在线
hacer llamada	打电话
hacer llamada en el idioma español	用西语打电话
llamar por teléfono	打电话
volver a llamar	再打一次
llamada telefónica	电话
llamada equivocada	打错的电话
llamada por Internet	网络电话
retorna/volver una llamada	回电话
llamada cortada	电话中断
llamada de larga distancia	长途
tener llamadas perdidas	有未接电话
transferir (pasar) una llamada	转接电话
mandar documento por correo(electrónico)	通过邮箱传递文件
no hay línea	电话不通

VII 用西语打电话　HACER LLAMADAS TELEFÓNICAS EN ESPAÑOL

no suena el teléfono	电话不通
no tiene tono el teléfono	电话不通
número telefónico	电话号码
apuntar el número	记电话号码
consultar el número telefónico	询问电话号码
¿cuál es su número telefónico ?	您的电话号码是多少?
¿qué número tiene Ud.?	您的电话号码是多少?
número equivocado	号错了
marcar el número	拨电话
guía telefónica	电话簿
páginas amarillas	黄页
teléfono (equipo telefónico, aparato telefónico)	电话机
anexo (extensión) de teléfono	分机
cabina telefónica	电话亭
extensión de teléfono	分机
telefónico de la oficina	办公室电话
teléfono central	电话总机
teléfono de larga distancia	长途电话
teléfono interno	内部电话
teléfono inalámbrico.	无绳电话
teléfono móvil	移动电话
teléfono privado	私人电话
teléfono público	公用电话
teléfono urbano	市内电话
línea directa	直播电话
video-teléfono	可视电话
el teléfono está en comunicación	电话通着
el teléfono está ocupado	电话占线
el teléfono se cortó	电话中断了
el teléfono se interrumpió	电话中断了
colgar el teléfono	挂断电话
¡No cuelgue el teléfono!	请别挂电话

VIII 计算机用语
GLOSARIO DE TÉRMINOS INFORMÁTICOS

> Ningún trabajo contemporáneo puede ejecutarse sin la computadora (ordenador en España). Esta parte está ofreciendo los nombres en dos idiomas (español - chino) de las teclas de función del panel de la pantalla de Office Word, con el fin de facilitar a los que trabajan en empresas hispanohablantes.
>
> 现代办公离不开计算机的使用，为了便于西语企业的工作，这里主要介绍的是计算机桌面功能键的西汉对照名称。

桌面 PANEL DE LA PANTALLA

MiPC	我的电脑
Entorno de red	网上邻居
Bandeja de entrada	收件箱
Nueva carpeta	新建文件夹
Papelera de reciclaje	回收站
Mi maletín	我的公文包
Instalar Microsoft	安装 Microsoft
Cuaderno de Microsoft	记事本
Panel de la pantalla (escritorio)	桌面
Icono	图标
Organizar iconos	排列图标
Por nombre	按名称
Por tipo	按类型
Por tamaño	按大小
Por fecha	按日期
Organización automática	自动排列
Alinear iconos	对齐图标
Pegar	粘贴
Pegar acceso directo	粘贴快捷方式

VIII 计算机用语 GLOSARIO DE TÉRMINOS INFORMÁTICOS

Nuevo	新建
Propiedades	属性
Explorar	搜索
Administrador de recursos	资源管理器
Buscar	查找
Conectar a unidad de red	与网络连接
Desconectar a unidad de red	退出网络
Crear acceso directo	创建快捷方式
Cambiar nombre	重命名
Vaciar Papelera de reciclaje	清空回收站

开始菜单 MENÚ DE INICIO

Inicio	开始
Haga clic aquí para empezar	单击这里开始
Abrir documento de Office	打开 Office 文档
Nuevo documento de Office	新建 Office 文档
Programa	程序
Accesorios	附件
Herramientas de Internet	联网工具
Herramientas del sistema	系统工具
Agente de compresión compresor de archivos	压缩管理器
Copia de seguridad	备份
Medidor de recursos	资源状况
Monitor de red	网络监视器
Monitor del sistema	系统监视器
Juegos	游戏
Busca-minas	扫雷
Carta blanca	空当接龙
Corazones	红心大战
Solitario	纸牌
Multimedia	多媒体
Control de volumen	音量控制
Reproductor de CD	CD 播放器
Reproductor de multimedia	多媒体播放器
Control de Activemovie	控制
Acceso telefónico a redes	网络电话
Bloc de notas	记事本

Calculadora	计算器
Conexión directa por cable	直接电缆连接
Hyperterminal	超级终端
Marcador de teléfono	电话拨号器
Herramientas de Internet	联网工具
Conectarse a Internet	上网
Internet explorer	浏览器 Internet
Barra de acceso directo de Office	Office 快捷栏
Búsqueda rápida de Microsoft	Microsoft 快速查找
Cuaderno de Microsoft	Microsoft 笔记本
Explorador de Windows	Windows 资源管理器
Documentos	文档
Configuración(configurar)	设置
Buscar	查找
Ayuda	帮助
Ejecutar	运行
Suspender	注销
Apagar el sistema	关闭系统
Confirme que desea:	您确定要：
Apagar el equipo	关闭计算机
Reiniciar el equipo	重新启动计算机
Reiniciar el equipo en modo de MS-DOS	重新启动并切换到 DOS 模式

WORD 界面 PANEL DE WORD

minimizar ventana	最小化
Restaurar	还原
Cerrar	关闭
Vista normal	普通视图
Vista diseño en pantalla	页面视图
Vista esquema	大纲视图
Nuevo	新建
Abrir	打开
Archivar	保存
Guardar	保存
Imprimir	打印
Vista preliminar	打印预览
Ortografía y gramática	拼写检查

VIII 计算机用语 GLOSARIO DE TÉRMINOS INFORMÁTICOS

Cortar	剪切
Copiar	复制
Pegar	粘贴
Copiar formato	格式刷
Deshacer	撤消键入
Rehacer	恢复键入
Imposible deshacer	无法撤消
Imposible rehacer	无法恢复
Insertar	插入
Insertar hipervínculo	插入超级链接
Barra de herramientas	工具栏
Tablas y bordes	表格和边框
Insertar tabla	插入表格
Insertar hoja de Microsoft Excel	插入 Microsoft Excel 表
Columnas	纵排（更改文字方向）
Filas	横排（更改文字方向）
Dibujo	绘图
Mapa del documento	文档结构图
Mostrar u ocultar	显示/隐藏
Mostrar	显示
Ocultar	隐藏
Ayudante	助手
Zoom	显示比例
Estilo	样式
Fuente	字体
Tamaño de fuente	字体大小
Negrita	粗体
Cursiva	斜体
Subrayado	下划线
Alinear a la izquierda	左对齐
Centrar	居中
Alinear a la derecha	右对齐
Numeración	编号
Viñetas	项目符号
Disminuir sangría	减少缩进量
Aumentar sangría	增加缩进量
Borde exterior	边框

Grabar	录制
Control de cambios	修订
Extender seleccionar	扩展
Sobreescribir	改写
Seleccionar objeto de búsqueda	选择浏览对象
Página anterior	前一页
Página siguiente	下一页

文件 ARCHIVO

Nuevo	新建
Abrir	打开
Archivar	保存
Archivar como	另存为
Cerrar	关闭
Guardar	保存
Guardar como	另存为
Versiones	版本
Configurar páginas	页面设置
Vista preliminar	打印预览
Imprimir	打印
Enviar	发送
Destinatario de correo	邮件收件人
Destinatario de Distribusión	传送收件人
Carpeta de Exchange	文件夹
Destinatario de fax	传真收件人
Propiedades	属性
Salir	退出

编辑 EDICION

Deshacer (flecha hacia atrás)	撤销键入
Restaurar (flecha hacia delante)	恢复清除
Pegar especial	选择性粘贴
Pegar como hipervínculo	粘贴为超级链接
Borrar	消除
Seleccionar todo	全选
Buscar	查找
Reemplazar	替换

VIII 计算机用语 GLOSARIO DE TÉRMINOS INFORMÁTICOS

Ir a   定位
Vínculo   链接
Objeto   对象

视图 VER

Normal   普通
Diseño en pantalla   页面
Diseño en   联机版式
Esquema   大纲
Documento maestro   主控文档
Barra de herramientas   工具栏
    Estándar   常用
    Formato   格式
    Autotexto   自动图文集
    Base de datos   数据库
    Cuadro de controles   控件工具箱
    Dibujo   绘图
    Formularios   其他格式
    Imagen   图片
    Revisión   审阅
    Tablas y bordes   表格和边框
    WordArt   艺术字
    Personalizar   自定义
Regla   标尺
Mapa Del Documento   文档结构图
Encabezado y al pie de página   页眉和页脚
Notas Al Pie   脚注
Comentarios   批注
Pantalla Completa   全屏显示
Zoom   显示比例

插入 INSERTAR

Salto   分隔符
Números de página   页码
Fecha y hora   日期和时间
Autotexto   自动图文集

Cierre	结束语
Encabezado o pie de página	页眉/页脚
Firma	公司
Iniciales de referencia	称呼
Instrucciones envío correo	信封用语
Confidencial	保密件
Correo certificado	挂号件
Correo garantizado	担保件
Correo registrado	登记件
Correo urgente	急件
Personal	私人信件
Por avión	航空件
Por fax	电传件
Línea de asunto	主题行
Línea de atención	收件人行
Línea de referencia	参考文献行
Saludo	问候
Campo	域
Símbolo	符号
Comentario	批注
Nota al pie	脚注和尾注
Título	题注
Referencia cruzada	交叉引用
Índice y tablas	索引和目录
Imagen	图片
Imágenes prediseñadas	剪贴画
Desde archivo	来自文件
Autoformas	自选图形
Desde escáner	来自扫描仪
Gráfico	图表
Cuadro de texto	文本框
Archivo	文件
Objeto	对象
Marcador	书签
Hipervínculo	超级链接

VIII 计算机用语 GLOSARIO DE TÉRMINOS INFORMÁTICOS

格式 FORMATO

Fuente	字体
Párrafo	段落
Numeración y viñetas	项目符号和编号
Bordes y sombreado	边框和底纹
Columnas	分栏
Tabulaciones	制表位
Letra capital	首字下沉
Dirección del texto	文字方向
Cambiar mayúsculas y minúsculas	更改大小写
Autoformato	自动套用格式
Galería de estilos	样式库
Estilo	样式
Fondo	背景
Sin relleno	无填充色
Más colores	其他颜色
Efectos de relleno	填充效果
Objeto	对象

工具 HERRAMIENTAS

Ortografía y gramática	拼写和语法
Idioma	语言
Definir idioma	设置语言
Sinónimos	同义词
Guiones	连接符
Contar palabras	数字统计
Auto-resumen	自动编写摘要
Auto-corrección	自动更正
Control de cambios	修订控制
Resaltar cambios	突出显示修订
Aceptar o rechazar cambios	接受或拒绝修订
Comparar documentos	比较文档
Combinar documentos	合并文档
Proteger documentos	保护文档
Combinar correspondencia	邮件合并
Sobres y etiquetas	信封和标签
Asistente para cartas	信件助理

Marco	宏
Plantillas y complementos	模板和加载项
Personalizar	自定义
Opciones	选项

表格 TABLA

Dibujar tabla	绘制表格
Insertar tabla	插入表格
Eliminar celdas	删除单元格
Combinar celdas	合并单元格
Dividir celdas	拆分单元格
Seleccionar fila	选定行
Seleccionar columna	选定列
Seleccionar tabla	选定表格
Autoformato de tabla	表格自动套用格式
Distribuir filas uniformemente	平均分布各行
Distribuir columnas uniformemente	平均分布各列
Alto y ancho de celda	单元格高度和宽度
Títulos	标题
Convertir texto en tabla	将文字转换成表格
Convertir tabla en texto	将表格转换成文字
Ordenar	排序
Fórmula	公式
Dividir tabla	拆分表格
Ocultar líneas de división	隐藏虚框
Mostrar líneas de división	显示虚框

窗口 VENTANA

Nueva ventana	新建窗口
Organizar todo	全部重排
Dividir	拆分
Subdividir	再拆分
Terminar	取消拆分

帮助 AYUDA DE MIGROSOFT

Contenido e índice	目录和索引

VIII 计算机用语 GLOSARIO DE TÉRMINOS INFORMÁTICOS

¿qué es esto?   这是什么?
acerca de Microsoft Word   关于 Microsoft Word

其他 OTROS

Aceptar	同意
Aplicar	应用,执行
Archivo	文件,文档
Ayuda	帮助
Calculadora	计算器
Campo	域
Carpeta	文件夹
Cerrar	关闭
Computadora	计算机
Crear nuevo	新建
Crear gráfico	绘图插入
Disco	盘
Disco duro (duroying)	硬盘
Disco flexible	软盘
Disket de alta densidad H.D.	高密度盘
Disket de doble densidad D.D.	双倍密度盘
Dividir en columnas	分栏
Documento	文件
Edición	编辑
Ejecutar	执行(命令)
Eliminar	删除
Estabilizador	稳压器
Explorador de Microsoft	资源管理器
Formato	格式
Gráfico	图表
Hacer clic (en)	点击(a)键
Herramienta	工具
Impresora	打印机
Impresora de carro angosto y tipo de inyección de tinta	窄式喷墨打印机
Cartucho de tinta a color	彩色墨盒
Cartucho de tinta negra	黑白墨盒
Insertar	插入
La torre del ordenador CPU	主机

Notebook	笔记本
Panel de control	控制面板
Pantalla	屏幕
PC (computadora personal)	个人电脑
Prender el equipo	开机
Apagar el equipo	关机
Programar	编程
Programa	程序
Reiniciar el equipo	重新启动
Salir	退出
Servidor	服务器
Tabla	表格
Tarjeta	卡
Tarjeta de sonido	声卡
Terminal	终端
USB (u, ese, be)	U盘
Valor Predeterminado	默认值
Volver atrás	重复，返回

参考书目：

北京外国语学院西班牙语系《新西汉词典》组编：《新西汉词典》，商务印书馆，2003年。

孙义桢主编：《新西汉词典》，商务印书馆，2002年。

《袖珍西汉词典》，商务印书馆，1979年。

http://www.wordreference.com;

http://es.thefreedictionary.com